培智学校
课程本位评估指南

（低年段）

韦美宾　陆卫伍　李文颖　等编著

广西科学技术出版社

图书在版编目（CIP）数据

培智学校课程本位评估指南 . 低年段 / 韦美宾等编
著 . — 南宁：广西科学技术出版社，2022.12（2024.1 重印）
ISBN 978-7-5551-1361-4

Ⅰ.①培⋯　Ⅱ.①韦⋯　Ⅲ.①儿童教育—特殊教育—
教学研究　Ⅳ.①G764

中国版本图书馆CIP数据核字（2022）第124782号

PEI ZHI XUEXIAO KECHENG BENWEI PINGGU ZHINAN（DI NIANDUAN）

培智学校课程本位评估指南（低年段）

韦美宾　陆卫伍　李文颖　等编著

策　　划：何杏华
责任编辑：陈诗英　陈剑平　　　　　　责任校对：吴书丽
装帧设计：韦娇林　　　　　　　　　　责任印制：韦文印

出　版　人：卢培钊
出　　　版：广西科学技术出版社
社　　　址：广西南宁市东葛路 66 号　　　邮政编码：530023
网　　　址：http://www.gxkjs.com

印　　　刷：广西社会福利印刷厂

开　　　本：787 mm×1092 mm　1/16
字　　　数：245 千字　　　　　　　　　印　　张：15.25
版　　　次：2022 年 12 月第 1 版
印　　　次：2024 年 1 月第 3 次印刷
书　　　号：ISBN 978-7-5551-1361-4
定　　　价：36.50 元

编著团队

韦美宾　陆卫伍　李文颖　何华玲　陆春秋　陈　亮
严钰程　郭　燕　陈东婷　黄小群　刘昊天　阮洁芳
麻雪清　吴健智　廖　文　孙玉美　杨思敏　张洁丽
张绪通　覃艳文　黄德将　刘春秀

序

应南宁儿童康复中心主任、南宁市培智学校校长韦美宾之邀，特此为序。

自1986年起，我便与特殊儿童发展与教育研究结下了终身的缘分。时至今日，我为特殊教育投入了许多心血，也做出了一些成绩，见证了这项事业的不断进步和发展。2007年，关于党的十七大报告修改讨论会在杭州召开，我有幸参加讨论，并提出修改报告中有关特殊教育表述的建议，受到与会领导、专家的肯定并予以采纳。2014年，习近平总书记致信祝贺中国残疾人福利基金会成立30周年，信中强调："残疾人是一个特殊困难的群体，需要格外关心、格外关注。让广大残疾人安居乐业、衣食无忧，过上幸福美好的生活，是我们党全心全意为人民服务宗旨的重要体现，是我国社会主义制度的必然要求。"2017年，党的十九大报告提出要办好特殊教育。可以说，办好特殊教育，是党和国家为改善残疾人民生、保障残疾人权益，全面建成社会主义现代化强国而作出

的重大战略决策和重要措施，是新时代中国特色社会主义以人民为中心的具体体现。办好特殊教育，就是让每一个残疾孩子都能接受公平而有质量的教育。特殊教育可以促进残疾人全面发展，为残疾人追求幸福生活赋权增能，从而确保他们能与全国人民一起平等共享全面小康和现代化的美好生活，是改善残疾人民生、保障残疾人权益的重要手段和根本途径。

2021年，全国共有特殊教育学校2288所，比2020年增加44所，增长1.96%。招收各种形式的特殊教育学生14.91万人；在校生91.98万人，比2020年增加3.90万人，增长4.43%。其中，特殊教育学校在校生33.04万人，占特殊教育在校生的35.92%。特殊教育专任教师6.94万人。统计数据显示，我国特殊教育事业发展迅速，基本实现了特殊教育学生从"有学上"走向"上好学"的转变，但特殊教育的质量还有大量的提升空间。办好特殊教育尤其要注重特殊教育的内涵建设，提高特殊教育科学管理水平，提

高特殊教育教师专业化水平，提高特殊教育质量，根据"德智体美劳全面发展"的要求和特殊教育学生身心的特点，深化课程与教学改革，促进特殊教育学生的潜能开发与全面发展。

正如习近平总书记指出的："生活在我们伟大祖国和伟大时代的中国人民，共同享有人生出彩的机会，共同享有梦想成真的机会，共同享有同祖国和时代一起成长与进步的机会。"中国特色社会主义已经进入新时代，我们的特殊教育在祖国大地上同样进入了春天，同样要实现站起来、富起来、强起来。中国的特殊教育同样是中国特色社会主义道路、理论、制度、文化走向现代化，并给人类提供中国智慧、中国方案的必不可少的内容，是全面建成社会主义现代化强国、实现中华民族伟大复兴中国梦这个伟大时代的组成部分。

回顾我亲身经历的近四十年特殊教育发展的历程，完全有理由相信我国投身在特殊教育一线的教师们经过艰苦奋斗、深入思考、正向探索、大胆实践，具有中国特色的特殊教育理论和实践体系正在实现。此前，我多次有幸到南宁儿童康复中心（南宁市培智学校）考察调研。如今，韦美宾校长带领专家团队用多年积累的特殊教育教学经验，编写了《适龄孤独症儿童入学评估手册》《培智学校课程本位评估指南》等一系列实用手册。每一本书，韦美宾校长都负责总体框架设计，还对稿件进行修改，花费了大量的时间和精力，才最终使得这些成果得以出版。这些实用手册有以下特点：实用合规，按照国内外先进理念进行编写，在实际教学过程中简单适用；操作性强，各手册具体说明了每个条目的评估目的、评估材料、评估方法、评估标准等，通俗易懂，便于教师操作使用；部分手册建有电子软件系统，供评估时配套使用，可以即时获得评估结果，简单实用，方便易行，推广价值较大。

特殊儿童是需要特殊关怀的儿童群体。评估特殊儿童教育教学起点及特殊儿童学业能力，对特殊儿童进行全程学习评估与指导，具有较强的实用性与创新性。希望广大从事特殊教育行业的人员能在实践中进一步丰富和完善相关的特殊儿童教育理论，大胆实践、努力创新，提供中国理论、中国案例、中国样本，真正造福特殊儿童，使他们同样成为我们国家的建设者，共享社会发展成果。

2021年12月3日（国际助残日）

徐云，国家社会科学基金孤独症重大招标项目首席专家。

前 言

　　近年来，国家非常重视残疾儿童的评估问题，《残疾人教育条例（2017年修订）》规定："对适龄残疾儿童、少年的身体状况、接受教育的能力和适应学校学习生活的能力进行评估，提出入学、转学建议。"《第二期特殊教育提升计划（2017—2020年）》明确提出："提高残疾学生评估鉴定、入学安置、教育教学、康复训练的有效性。" 2020年6月，教育部印发《关于加强残疾儿童少年义务教育阶段随班就读工作的指导意见》，要求"健全科学评估认定机制"，"依据有关标准对残疾儿童少年身体状况、接受教育和适应学校学习生活能力进行全面规范评估"。

　　国际功能、残疾和健康分类（international classification of functioning, disability and health，简称ICF）是世界卫生组织国际分类家族（WHO-FIC）的成员之一，是健康及其相关领域的分类，国际通用的在个体和群体层面上测量健康和残疾的理论框架，世界卫生组织所有成员国均认可为描述和测量健康和残疾的国际标准。ICF是有关功能、残疾和健康的生物-心理-社会医学模式，是一种设计用于不同学科和不同行业的多目的性的分类，并以标准化的通用语言应用于跨学科领域，同时跨政府部门和跨国使用。ICF针对不同应用有广泛的适用性，如作为统计工具、研究工具、临床工具、社会政策工具，而作为教育工具则主要应用于课程设计和提高社会意识、采取社会行动。

　　南宁儿童康复中心（南宁市培智学校）根据教育部的要求，充分发挥学校特有的医疗、教育、康复、社工、心理健康教育等优质资源，组建了由医生、教师、康复治疗师、社工、心理咨询师等多专业跨领域的专家团队，以学校现有学生为实验对象，于2016年成立了九年义务教育阶段孤独症儿童医教结合实验班，通过专家引领和指导，学习了ICF理念和方法，并到上海、浙江、江苏、广东等地考察学习，经过6年多的实践探索和不断完善，同时在广西20多所特殊教育学校进行调研，在15所特殊教育学校和普通学校随班就读中进行推广应用，最终编写成《培智学校课程本位评估指南》（简称《评估指南》）。

《评估指南》是南宁儿童康复中心（南宁市培智学校）主持的广西壮族自治区教育厅"医教结合"实验项目（项目编号：桂财教〔2016〕166号）、广西基础教育教学改革质量提升项目"培智学校孤独症儿童以'生活'为核心的课程体系改革实践研究"（项目编号：47）、南宁市科学技术局重点研发课题"基于ICF理论架构的学龄孤独症儿童入学评估标准和评估路径的研究"（课题编号：20183042-6）及"医教结合改革与实践在孤独症儿童康复教育中的应用研究"（课题编号：ZC2017100）的阶段性研究成果，是根据ICF理念和《培智学校义务教育课程标准（2016年版）》（简称《培智课标》）精神，在《培智课标》目标体系上衍生出来的用于评估培智学校学生或普通学校特教班学生教育起点和学业能力的重要评估工具。《评估指南》包括低年段、中年段、高年段三册，分别适合一至三年级、四至六年级、七至九年级特殊教育的学生评估时使用。

《评估指南》是南宁儿童康复中心（南宁市培智学校）专家团队多年的教学经验和智慧结晶，有以下特色：一是具有实用性，按照新课程标准设置，分为生活语文课程评估、生活数学课程评估、生活适应课程评估、劳动技能课程评估、唱游与律动课程评估、绘画与手工课程评估、运动与保健课程评估等七部分，在实际教学过程中与课程大纲配套使用，是课程体系的重要组成部分。二是具有可操作性，每个类目的评估材料、评估方法、评估指导语通俗易懂，便于操作使用。三是具有标准化，各项评估均使用相同的通用量度进行定量化评定。四是具有适用性，在经过本地探索、研究与实践后，符合中国国情与教育现状，与中国的特殊教育匹配度较高。

南宁儿童康复中心主任
南宁市培智学校校长　　韦美宾

2021年7月

编写说明

《培智学校课程本位评估指南（低年段）》是南宁儿童康复中心（南宁市培智学校）主持的广西壮族自治区教育厅"医教结合"实验项目（项目编号：桂财教〔2016〕166号）、广西基础教育教学改革质量提升项目"培智学校孤独症儿童以'生活'为核心的课程体系改革实践研究"（项目编号：47）、南宁市科学技术局重点研发课题"基于ICF理论架构的学龄孤独症儿童入学评估标准和评估路径的研究"（课题编号：20183042-6）及"医教结合改革与实践在孤独症儿童康复教育中的应用研究"（课题编号：ZC2017100）的阶段性部分研究成果，是根据ICF理念和《培智学校义务教育课程标准（2016年版）》（简称《培智课标》）精神，在《培智课标》目标体系上衍生出来的用于评估培智学校学生或普通学校特教班学生教育起点和学业能力的重要评估工具。

基于ICF理念及《培智课标》精神，南宁儿童康复中心（南宁市培智学校）自2015年8月起，组建了专家团队探索培智学校课程本位的评估及教育教学。经过6年多的实践研究，同时在广西20多所特殊教育学校进行调研，并在15所特殊教育学校和普通学校随班就读中进行推广应用，最终形成了这一成果。

一、适用范围

适用于培智学校九年义务教育阶段的低年段学生、普通学校九年义务教育阶段特教班的低年段学生。

二、主要学科

主要学科来源于《培智课标》，涵盖低年段生活语文、生活数学、生活适应、劳动技能、唱游与律动、绘画与手工、运动与保健七门学科的课程评估。

三、具体内容

每门课程评估都以表格的形式列出具体的评估目标、评估项目、评估材料、评估方法、评估指导语、评估标准、评估结果、备注等内容，使用时更简便易行。

（一）评估目标

1.目标分级。评估目标分为Ⅰ级目标、Ⅱ级目标、Ⅲ级目标、Ⅳ级目标。Ⅰ级目标比较笼统、宽泛，Ⅱ级目标、Ⅲ级目标均是对上一级目标进行细分，Ⅳ级目标则是对Ⅲ级目标进行更具体的描述。

2.编码字母来源。参照ICF的编码方式，每门课程用其英文单词的首字母表示，即生活语文用Chinese（中文、汉语）的首字母大写C表示，生活数学用math（数学）的首字母大写M表示，生活适应用adaptability（适应性、合用性）的首字母大写A表示，劳动技能用work（劳动、工作）的首字母大写W表示，唱游与律动用rhythm（节拍、韵律）的首字母大写R表示，绘画与手工用painting（绘画）的首字母大写P表示，运动与保健用sports（运动）的首字母大写S表示。

3.目标编码。目标编码采取"课程首字母+目标等级"的形式进行编排。Ⅰ级目标：字母+一级编码。Ⅱ级目标：字母+二级编码。Ⅲ级目标：字母+三级编码。Ⅳ级目标：字母+四级编码。

（二）评估项目

评估项目即为实现Ⅰ～Ⅳ级目标需要进行评估的测试项目，有些评估项目还加入了具体的指示说明或示范动作，更便于操作。

（三）评估材料

详细列出了评估时需要的所有物品。

（四）评估方法

评估者对评估对象进行评估时采用的操作方法。

（五）评估指导语

评估者对评估对象进行评估时说的话。

（六）评估标准

参照ICF的限定值标准进行类比量化。ICF用同样的通用尺度对身体健康状况、活动和参与、环境因素、个人因素等进行定量化评定，如有问题就意味着身体不同部位存在损伤，活动和参与受限，环境因素、个人因素有障碍等。

本书参照ICF的分级，使用五级评分制进行评估，五级评分为0分、1分、2分、3分、4分。0分：表示该项目不需要任何辅助即可独自完成，且用时较短、质量较好。1分：表示该项目不需要任何辅助即可独自完成，但用时较长或质量一般。2分：表示该项目仅需要提示（包括语言提示、动作提示、视觉提示）或示范（包括动作示范、语言示范）中的一种辅助即可完成。3分：表示该项目需要身体辅助（包括全身体辅助、部分身体辅助）方可完成。4分：表示该项目在身体辅助下也不能完成，或无法配合完成评估。在评分过程中，按完成程度百分比四舍五入后取整数进行评分，该项目只有0～4%不能完成，评0分；有5%～24%不能完成，评1分；有25%～49%不能完成，评2分；有50%～95%不能完成，评3分；有96%～100%不能完成，评4分。

每一个评估项目的评估标准在统一的标准下又进行了科学合理的细化，对无法适用评分制的项目，可根据实际情况进行评估，力求评估标准更匹配评估项目，增强评估量表的实用性。

（七）评估结果

评估结束后可把评估结果记录在该栏中。

（八）备注

在评估过程中如有特殊情况需要说明的可以记录在该栏中，供参考。

四、操作方法

在评估过程中可以采用多种评估方式结合的、较为灵活的方法进行评估。任课教师可以通过观察法、测验法及访谈法等进行评估。其中，以观察法为主，但当出现不确定时，可直接采用测验法或访谈法进行，并综合得出评估结果。

五、注意事项

1.评估过程中严格参照评估方法和评估指导语操作，能避免评估者在评估时因个人主观因素使得操作存在差异，规范评估过程涉及的所有环节，使评估过程更客观。

2.评估者可根据实际需求选择一学期评估一次或两次，如没有条件的也可延长至一学年评估一次。

3.选择学生的长短期目标应从分数的中间项即2分项中选取较为合理。

4.生活语文、劳动技能、唱游与律动这三门学科学生的学年目标或学期目标应从Ⅱ级目标中选取，月目标应从Ⅳ级目标中选取；生活数学、生活适应、绘画与手工、运动与保健这四门学科学生的学年目标或学期目标应从Ⅲ级目标中选取，月目标应从Ⅳ级目标中选取。

六、评估结果应用

1.评估结果能让各科教师掌握学生的教学起点，为教师在教材、教学方式及策略的选择上提供依据。

2.评估结果是学生学业水平的真实体现，能为制订学生的个别化教育计划提供依据。

3.评估结果可以检验教师的教学成效，教师可以根据评估结果进行相关的教育教学。学期末对学生的再次评估结果除了是检验学生学习效果的依据，更是教师教育教学效果的反馈。

目　录

生活语文课程评估

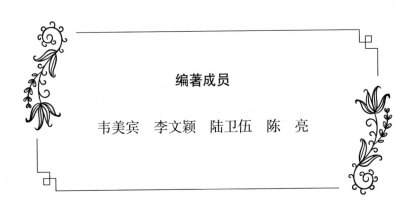

编著成员

韦美宾　李文颖　陆卫伍　陈　亮

生活语文课程评估一览表

Ⅰ级目标	Ⅱ级目标	Ⅲ级目标	Ⅳ级目标	评估项目	评估材料	评估方法	评估指导语	评估标准	评估结果	备注
C1 倾听	C1.1 能在别人对自己说话时注意倾听	C1.1.1 具备倾听别人说话的意识	C1.1.1.1 能注意到别人在说话	注意到别人在说话（如在听到别人叫自己的名字时有反应）	无	1.观察法。教师及主要照顾者对学生的课堂及日常进行观察。2.测验法。评估者呼唤评估对象的名字，观察评估对象是否有目光、动作或语言反应（在评估过程中观察）	评估者说："××，你好。"	0分：总是能注意到别人在说话；1分：大部分时候能注意到别人在说话；2分：有时能注意到别人在说话，有时不能；3分：很少能注意到别人在说话；4分：几乎不能注意到别人在说话		
		C1.1.2 能专心倾听别人说话	C1.1.2.1 能在别人对自己说话时有目光交流	在别人对自己说话时有目光交流	无	1.观察法。教师及主要照顾者对学生的课堂及日常进行观察。2.测验法。评估者对评估对象说话，观察评估对象是否与自己有目光交流（在评估过程中观察）	评估者说："你好，我是××老师。"	0分：总是能在别人对自己说话时有目光交流；1分：大部分时候能在别人对自己说话时有目光交流；2分：有时能在别人对自己说话时有目光交流，有时不能；3分：很少能在别人对自己说话时有目光交流；4分：几乎不能在别人对自己说话时有目光交流		

续表

Ⅰ级目标	Ⅱ级目标	Ⅲ级目标	Ⅳ级目标	评估项目	评估材料	评估方法	评估指导语	评估标准	评估结果	备注
C1 倾听	C1.2 能听懂常用的词语，并做出适当的回应	C1.2.1 能听懂常用的名词，并做出适当指认	C1.2.1.1 能在听到常用的名词后正确指认	在听到常用的名词（如书、笔、衣服等）后正确指认	书、笔、衣服等10张物品的图片	1.观察法。教师及主要照顾者对学生的课堂及日常进行观察。2.测验法。评估者说出书、笔、衣服等物品名称，请评估对象指认相关图片	评估者问："书/笔/衣服在哪里？"	0分：能在听到常用的名词后正确指认9张及以上图片；1分：能在听到常用的名词后正确指认7～8张图片；2分：能在听到常用的名词后正确指认5～6张图片；3分：能在听到常用的名词后正确指认1～4张图片；4分：在听到常用的名词后不能正确指认任何图片		
		C1.2.2 能听懂常用的动词，并做出适当的回应	C1.2.2.1 能在听到常用的动词后做出相应的动作	在听到常用的动词（如起立、拍手、跺脚、跳一跳、坐下等）后做出相应的动作	无	1.观察法。教师及主要照顾者对学生的课堂及日常进行观察。2.测验法。评估者发出起立、拍手、跺脚、跳一跳、坐下等指令，观察评估对象是否会做出相应的动作	评估者说："请你起立/拍手/跺脚/跳一跳/坐下。"	0分：能在听到5个常用的动词后做出5个相应的动作；1分：能在听到5个常用的动词后做出4个相应的动作；2分：能在听到5个常用的动词后做出3个相应的动作；3分：能在听到5个常用的动词后做出1～2个相应的动作；4分：在听到5个常用的动词后不能做出任何相应的动作		

续表

Ⅰ级目标	Ⅱ级目标	Ⅲ级目标	Ⅳ级目标	评估项目	评估材料	评估方法	评估指导语	评估标准	评估结果	备注
C1 倾听	C1.2 能听懂常用的词语，并做出适当的回应	C1.2.3 能听懂常用的形容词，并做出适当的回应	C1.2.3.1 能在听到常用的形容词后正确指认	在听到常用的形容词（如大的/小的、长的/短的、红的/白的/黄的/蓝的、高的/矮的等）后正确指认	大/小、长/短、红/白/黄/蓝、高/矮等10张物品的图片	1.观察法。教师及主要照顾者对学生的课堂及日常进行观察。2.测验法。评估者出示大/小、长/短、红/白/黄/蓝、高/矮等物品的图片，请评估对象根据评估者的指令进行指认	评估者说："请你指出大的/小的、长的/短的、红的/白的/黄的/蓝的、高的/矮的。"	0分：能在听到常用的形容词后正确指认9张及以上图片；1分：能在听到常用的形容词后正确指认7~8张图片；2分：能在听到常用的形容词后正确指认5~6张图片；3分：能在听到常用的形容词后正确指认1~4张图片；4分：在听到常用的形容词后不能正确指认任何图片		
	C1.3 能听懂简单的句子，并做出适当的回应	C1.3.1 能听懂简单的祈使句，并做出适当的回应	C1.3.1.1 能在听到简单的祈使句后做出正确的反应	在听到简单的祈使句（如请把铅笔给我）后做出正确的反应	铅笔	1.观察法。教师及主要照顾者对学生的课堂及日常进行观察。2.测验法。评估者在桌面上摆放铅笔，请评估对象将铅笔交予评估者	评估者说："请把铅笔给我。"	0分：不需要任何辅助即可在听到简单的祈使句后做出正确的反应，且用时较短、质量较好；1分：不需要任何辅助即可在听到简单的祈使句后做出正确的反应，但用时较长或质量一般；2分：仅需要提示或示范中的一种辅助即可在听到简单的祈使句后做出正确的反应；3分：需要身体辅助方可在听到简单的祈使句后做出正确的反应；4分：在身体辅助下也不能在听到简单的祈使句后做出正确的反应，或无法配合完成评估		

续表

Ⅰ级目标	Ⅱ级目标	Ⅲ级目标	Ⅳ级目标	评估项目	评估材料	评估方法	评估指导语	评估标准	评估结果	备注
C1 倾听	C1.3 能听懂简单的句子，并做出适当的回应	C1.3.2 能听懂简单的疑问句，并做出适当的回应	C1.3.2.1 能在听到简单的疑问句后做出正确的反应	在听到简单的疑问句后做出正确的反应（如这是什么？）	书、铅笔、衣服等物品的图片	1.观察法。教师及主要照顾者对学生的课堂及日常进行观察。2.测验法。评估者出示书、铅笔、衣服等物品的图片并提问，观察评估对象能否正确指认或回答	评估者问："这是什么？"	0分：不需要任何辅助即可在听到简单的疑问句后做出正确的反应，且用时较短、质量较好；1分：不需要任何辅助即可在听到简单的疑问句后做出正确的反应，但用时较长或质量一般；2分：仅需要提示或示范中的一种辅助即可在听到简单的疑问句后做出正确的反应；3分：需要身体辅助方可在听到简单的疑问句后做出正确的反应；4分：在身体辅助下也不能在听到简单的疑问句后做出正确的反应，或无法配合完成评估		
C2 说话	C2.1 能模仿说生活中常用的语言	C2.1.1 能模仿说生活中常用的单字	C2.1.1.1 能模仿说生活中简单的单字	模仿说生活中简单的单字（如啊、衣、乌、波、摸、得、喝、妈、爸、咪等）	无	1.观察法。教师及主要照顾者对学生的课堂及日常进行观察。2.测验法。评估者发出简单的单字，请评估对象模仿说，观察评估对象是否能正确模仿	评估者说："请你跟我说'啊/衣/乌/波/摸/得/喝/妈/爸/咪'。"	0分：能模仿说9个及以上生活中简单的单字；1分：能模仿说7～8个生活中简单的单字；2分：能模仿说5～6个生活中简单的单字；3分：能模仿说1～4个生活中简单的单字；4分：不能模仿说生活中简单的单字，或无法配合完成评估		

续表

I级目标	II级目标	III级目标	IV级目标	评估项目	评估材料	评估方法	评估指导语	评估标准	评估结果	备注
C2 说话	C2.1 能模仿说生活中常用的语言	C2.1.2 能模仿说生活中常用的词语	C2.1.2.1 能模仿说生活中常见物品的名称	模仿说生活中常见物品的名称（如铅笔、衣服、裤子、雨伞、杯子、帽子、苹果、西瓜、乌鸦、公鸡等）	铅笔、毛巾等物品的图片	1.观察法。教师及主要照顾者对学生的课堂及日常进行观察。 2.测验法。评估者出示铅笔、毛巾等物品的图片并读出名称，请评估对象模仿说，观察评估对象是否能正确模仿	评估者说："请你跟我说'铅笔/衣服/裤子/雨伞/杯子/帽子/苹果/西瓜/乌鸦/公鸡'。"	0分：能模仿说9个及以上生活中常见物品的名称； 1分：能模仿说7～8个生活中常见物品的名称； 2分：能模仿说5～6个生活中常见物品的名称； 3分：能模仿说1～4个生活中常见物品的名称； 4分：不能模仿说生活中常见物品的名称，或无法配合完成评估		
			C2.1.2.2 能模仿说生活中常用的人物称呼	模仿说生活中常用的人物称呼（如爸爸、妈妈、哥哥、弟弟、姐姐、妹妹、爷爷、奶奶、叔叔、阿姨等）	爸爸、妈妈、哥哥、弟弟、姐姐、妹妹、爷爷、奶奶、叔叔、阿姨等人物图片	1.观察法。教师及主要照顾者对学生的课堂及日常进行观察。 2.测验法。评估者出示人物图片并读出名称，请评估对象模仿说，观察评估对象是否能正确模仿	评估者说："请你跟我说'爸爸/妈妈/哥哥/弟弟/姐姐/妹妹/爷爷/奶奶/叔叔/阿姨'。"	0分：能模仿说9个及以上生活中常用的人物称呼； 1分：能模仿说7～8个生活中常用的人物称呼； 2分：能模仿说5～6个生活中常用的人物称呼； 3分：能模仿说1～4个生活中常用的人物称呼； 4分：不能模仿说生活中常用的人物称呼，或无法配合完成评估		

续表

Ⅰ级目标	Ⅱ级目标	Ⅲ级目标	Ⅳ级目标	评估项目	评估材料	评估方法	评估指导语	评估标准	评估结果	备注
C2 说话	C2.1 能模仿说生活中常用的语言	C2.1.3 能模仿说生活中常用的简单句子	C2.1.3.1 能模仿说简单的陈述句	模仿说简单的陈述句（如"我要××。/这是××。"）	陈述句文本：我要看书。/这是桌子。	1.观察法。教师及主要照顾者对学生的课堂及日常进行观察。 2.测验法。评估者出示并读出陈述句文本，请评估对象模仿说句子，观察评估对象是否能正确模仿	评估者说："请你跟我说'我要看书/这是桌子'。"	0分：能模仿说简单的陈述句，且用时较短、质量较好； 1分：能模仿说简单的陈述句，但用时较长或质量一般； 2分：能模仿说简单的陈述句中的大部分内容； 3分：能模仿说简单的陈述句中的小部分内容； 4分：不能模仿说简单的陈述句，或无法配合完成评估		
			C2.1.3.2 能模仿说简单的疑问句	模仿说简单的疑问句（如"××在做××？/××去哪了？/什么时候××？"）	疑问句文本：哥哥在做什么？/你爸爸去哪了？/什么时候能看电视？	1.观察法。教师及主要照顾者对学生的课堂及日常进行观察。 2.测验法。评估者出示并读出疑问句文本，请评估对象模仿说句子，观察评估对象是否能正确模仿	评估者说："请你跟我说'哥哥在做什么？/你爸爸去哪了？/什么时候能看电视？'。"	0分：能模仿说简单的疑问句，且用时较短、质量较好； 1分：能模仿说简单的疑问句，但用时较长或质量一般； 2分：能模仿说简单的疑问句中的大部分内容； 3分：能模仿说简单的疑问句中的小部分内容； 4分：不能模仿说简单的疑问句，或无法配合完成评估		

续表

Ⅰ级目标	Ⅱ级目标	Ⅲ级目标	Ⅳ级目标	评估项目	评估材料	评估方法	评估指导语	评估标准	评估结果	备注
C2 说话	C2.2 能用简短的语言表达个人基本需求	C2.2.1 能用单字表达自己的基本需求	C2.2.1.1 能用单字表达自己的需求	用单字表达自己的需求（如要、吃）	玩具、零食等物品的图片	1.观察法。教师及主要照顾者对学生的课堂及日常进行观察。2.测验法。评估者出示玩具、零食等物品的图片并询问，观察评估对象是否能说单字表达想玩或想吃的需求	评估者问："你要玩玩具吗？/你要吃零食吗？"	0分：不需要任何辅助即可用单字表达自己的需求，且用时较短、质量较好；1分：不需要任何辅助即可用单字表达自己的需求，但用时较长或质量一般；2分：仅需要语言提示即可用单字表达自己的需求；3分：需要语言示范方可用单字表达自己的需求；4分：在语言示范下也不能用单字表达自己的需求，或无法配合完成评估		
		C2.2.2 能用词语表达自己的基本需求	C2.2.2.1 能用简单的词语表达自己的基本需求	用简单的词语表达自己的基本需求（如玩具的名称、食物的名称）	玩具、零食等物品的图片	1.观察法。教师及主要照顾者对学生的课堂及日常进行观察。2.测验法。评估者出示两种玩具或两种零食并询问，观察评估对象是否能说出其中一种玩具或零食的名称来表达需求	评估者问："你想玩××还是××？/你想吃××还是××？"	0分：不需要任何辅助即可用简单的词语表达自己的基本需求，且用时较短、质量较好；1分：不需要任何辅助即可用简单的词语表达自己的基本需求，但用时较长或质量一般；2分：仅需要语言提示即可用简单的词语表达自己的基本需求；3分：需要语言示范方可用简单的词语表达自己的基本需求；4分：在语言示范下也不能用简单的词语表达自己的基本需求，或无法配合完成评估		

续表

Ⅰ级目标	Ⅱ级目标	Ⅲ级目标	Ⅳ级目标	评估项目	评估材料	评估方法	评估指导语	评估标准	评估结果	备注
C2 说话	C2.2 能用简短的语言表达个人基本需求	C2.2.3 能用句子表达自己的基本需求	C2.2.3.1 能用简单的句子表达自己的基本需求	用简单的句子表达自己的基本需求（如"我要××。/我可以××吗？"）	无	1.观察法。教师及主要照顾者对学生的课堂及日常进行观察。2.访谈法。访谈教师或主要照顾者	评估者问："请问××平常想要东西的时候，他是否能用句子说出自己想要的东西？比如我想要吃饼干。"	0分：不需要任何辅助即可用简单的句子表达自己的基本需求，且用时较短、质量较好；1分：不需要任何辅助即可用简单的句子表达自己的基本需求，但用时较长或质量一般；2分：仅需要语言提示即可用简单的句子表达自己的基本需求；3分：需要语言示范方可用简单的句子表达自己的基本需求；4分：在语言示范下也不能用简单的句子表达自己的基本需求，或无法配合完成评估		
	C2.3 能使用人称代词（如你／你们、我/我们、他／他们）	C2.3.1 能使用第一人称代词（我／我们）	C2.3.1.1 能说出"我是××"	说出"我是××"	无	1.观察法。教师及主要照顾者对学生的课堂及日常进行观察。2.测验法。评估者通过询问评估对象的姓名，观察评估对象是否能说出"我是××"	评估者问："谁是××（评估对象的姓名）？"	0分：不需要任何辅助即可说出"我是××"，且用时较短、质量较好；1分：不需要任何辅助即可说出"我是××"，但用时较长或质量一般；2分：仅需要语言提示即可说出"我是××"；3分：需要语言示范方可说出"我是××"；4分：在语言示范下也不能说出"我是××"，或无法配合完成评估		

续表

Ⅰ级目标	Ⅱ级目标	Ⅲ级目标	Ⅳ级目标	评估项目	评估材料	评估方法	评估指导语	评估标准	评估结果	备注
C2 说话	C2.3 能使用人称代词（如你／你们、我／我们、他／他们）	C2.3.1 能使用第一人称代词（我／我们）	C2.3.1.2 能说出"我们××"	说出"我们××"	无	1.观察法。教师及主要照顾者对学生的课堂及日常进行观察。2.访谈法。访谈教师或主要照顾者	评估者问："请问××在日常生活中能说出'我们'吗？比如我们在吃饭。"	**0分**：不需要任何辅助即可说出"我们××"，且用时较短、质量较好；**1分**：不需要任何辅助即可说出"我们××"，但用时较长或质量一般；**2分**：仅需要语言提示即可说出"我们××"；**3分**：需要语言示范方可说出"我们××"；**4分**：在语言示范下也不能说出"我们××"，或无法配合完成评估		
		C2.3.2 能使用第二人称代词（你／你们）	C2.3.2.1 能说出"你××"	说出"你××"	无	1.观察法。教师及主要照顾者对学生的课堂及日常进行观察。2.访谈法。访谈教师或主要照顾者	评估者问："请问××在日常生活中能说出'你××'吗？比如你是谁？／你在干什么？"	**0分**：不需要任何辅助即可说出"你××"，且用时较短、质量较好；**1分**：不需要任何辅助即可说出"你××"，但用时较长或质量一般；**2分**：仅需要语言提示即可说出"你××"；**3分**：需要语言示范方可说出"你××"；**4分**：在语言示范下也不能说出"你××"，或无法配合完成评估		

续表

I级目标	II级目标	III级目标	IV级目标	评估项目	评估材料	评估方法	评估指导语	评估标准	评估结果	备注
C2 说话	C2.3 能使用人称代词（如你/你们、我/我们、他/他们）	C2.3.2 能使用第二人称代词（你/你们）	C2.3.2.2 能说出"你们××"	说出"你们××"	无	1.观察法。教师及主要照顾者对学生的课堂及日常进行观察。2.访谈法。访谈教师或主要照顾者	评估者问："请问××在日常生活中能说出'你们××'吗?比如你们去公园吗?"	0分：不需要任何辅助即可说出"你们××"，且用时较短、质量较好；1分：不需要任何辅助即可说出"你们××"，但用时较长或质量一般；2分：仅需要语言提示即可说出"你们××"；3分：需要语言示范方可说出"你们××"；4分：在语言示范下也不能说出"你们××"，或无法配合完成评估		
		C2.3.3 能使用第三人称代词（他/她、他们/她们）	C2.3.3.1 能说出"他/她××"	说出"他/她××"	无	1.观察法。教师及主要照顾者对学生的课堂及日常进行观察。2.访谈法。访谈教师或主要照顾者	评估者问："请问××在日常生活中能说出'他/她××'吗?比如她是妈妈。"	0分：不需要任何辅助即可说出"他/她××"，且用时较短、质量较好；1分：不需要任何辅助即可说出"他/她××"，但用时较长或质量一般；2分：仅需要语言提示即可说出"他/她××"；3分：需要语言示范方可说出"他/她××"；4分：在语言示范下也不能说出"他/她××"，或无法配合完成评估		

续表

Ⅰ级目标	Ⅱ级目标	Ⅲ级目标	Ⅳ级目标	评估项目	评估材料	评估方法	评估指导语	评估标准	评估结果	备注
C2 说话	C2.3 能使用人称代词（如你/你们、我/我们、他/他们）	C2.3.3 能使用第三人称代词（他/她、他们/她们）	C2.3.3.2 能说出"他们/她们××"	说出"他们/她们××"	无	1.观察法。教师及主要照顾者对学生的课堂及日常进行观察。 2.访谈法。访谈教师或主要照顾者	评估者问："请问××在日常生活中能说出'他们/她们××'吗？比如他们在打球。"	0分：不需要任何辅助即可说出"他们/她们××"，且用时较短、质量较好； 1分：不需要任何辅助即可说出"他们/她们××"，但用时较长或质量一般； 2分：仅需要语言提示即可说出"他们/她们××"； 3分：需要语言示范方可说出"他们/她们××"； 4分：在语言示范下也不能说出"他们/她们××"，或无法配合完成评估		
	C2.4 能作简单的自我介绍（如姓名、所在班级、主要家庭成员等）	C2.4.1 能说出自己的姓名	C2.4.1.1 能在别人询问时说出自己的姓名	在别人询问时说出自己的姓名（如××/我叫××）	无	1.观察法。教师及主要照顾者对学生的课堂及日常进行观察。 2.测验法。评估者询问评估对象的姓名，观察评估对象是否能说出自己的姓名	评估者问："你叫什么名字？"	0分：不需要任何辅助即可在别人询问时说出自己的姓名，且用时较短、质量较好； 1分：不需要任何辅助即可在别人询问时说出自己的姓名，但用时较长或质量一般； 2分：仅需要语言提示即可在别人询问时说出自己的姓名； 3分：需要语言示范方可在别人询问时说出自己的姓名； 4分：在语言示范下也不能在别人询问时说出自己的姓名，或无法配合完成评估		

续表

Ⅰ级目标	Ⅱ级目标	Ⅲ级目标	Ⅳ级目标	评估项目	评估材料	评估方法	评估指导语	评估标准	评估结果	备注
C2 说话	C2.4 能作简单的自我介绍（如姓名、所在班级、主要家庭成员等)	C2.4.2 能说出自己所在班级的名称	C2.4.2.1 能在别人询问时说出自己所在班级的名称	在别人询问时说出自己所在班级的名称（如××年级/××班）	无	1.观察法。教师及主要照顾者对学生的课堂及日常进行观察。2.测验法。评估者询问评估对象在哪个班级，观察评估对象是否能说出自己所在班级的名称	评估者问："你读几年级？/你是几班的学生？"	0分：不需要任何辅助即可说出自己所在班级的名称，且用时较短、质量较好；1分：不需要任何辅助即可说出自己所在班级的名称，但用时较长或质量一般；2分：仅需要语言提示即可说出自己所在班级的名称；3分：需要语言示范方可说出自己所在班级的名称；4分：在语言示范下也不能说出自己所在班级的名称，或无法配合完成评估		
		C2.4.3 能说出主要家庭成员的称呼	C2.4.3.1 能在别人询问时说出主要家庭成员的称呼	在别人询问时说出主要家庭成员的称呼（如爸爸、妈妈、爷爷、奶奶)	无	1.观察法。教师及主要照顾者对学生的课堂及日常进行观察。2.测验法。评估者询问评估对象主要家庭成员有哪些，观察评估对象是否能说出爸爸、妈妈、爷爷、奶奶等称呼	评估者问："你家里有哪些人？"	0分：不需要任何辅助即可说出主要家庭成员的称呼，且用时较短、质量较好；1分：不需要任何辅助即可说出主要家庭成员的称呼，但用时较长或质量一般；2分：仅需要语言提示即可说出主要家庭成员的称呼；3分：需要语言示范方可说出主要家庭成员的称呼；4分：在语言示范下也不能说出主要家庭成员的称呼，或无法配合完成评估		

续表

Ⅰ级目标	Ⅱ级目标	Ⅲ级目标	Ⅳ级目标	评估项目	评估材料	评估方法	评估指导语	评估标准	评估结果	备注
C3 识字	C3.1 能关注汉字	C3.1.1 能关注文本中的汉字	C3.1.1.1 能指出书本中的汉字	指出书本中的汉字	简单的图文书	1.观察法。教师及主要照顾者对学生的课堂及日常进行观察。2.测验法。评估者出示简单的图文书，让评估对象指出书本中的汉字	评估者说："请你指一指书本里的字。"	0分：5次都能指出书本中的汉字；1分：能4次指出书本中的汉字；2分：能3次指出书本中的汉字；3分：仅1～2次能指出书本中的汉字；4分：没有一次能指出书本中的汉字，或无法配合完成评估		
	C3.2 能区别图形与汉字	C3.2.1 能正确区分图形与汉字	C3.2.1.1 能指出哪些是图形，哪些是汉字	指出哪些是图形，哪些是汉字	图形与汉字的卡片	1.观察法。教师及主要照顾者对学生的课堂及日常进行观察。2.测验法。评估者出示图形与汉字卡片，请评估对象指出哪个是图形，哪个是汉字	评估者说："请你指一指哪个是图形，哪个是汉字。"	0分：不需要任何辅助即可指出卡片中哪些是图形，哪些是汉字，且用时较短、质量较好；1分：不需要任何辅助即可指出卡片中哪些是图形，哪些是汉字，但用时较长或质量一般；2分：仅需要提示或示范中的一种辅助即可指出卡片中哪些是图形，哪些是汉字；3分：需要身体辅助方可指出卡片中哪些是图形，哪些是汉字；4分：在身体辅助下也不能指出卡片中哪些是图形，哪些是汉字，或无法配合完成评估		

续表

Ⅰ级目标	Ⅱ级目标	Ⅲ级目标	Ⅳ级目标	评估项目	评估材料	评估方法	评估指导语	评估标准	评估结果	备注
C3 识字	C3.3 能认读生活中常用汉字10～50个	C3.3.1 能正确认读生活中常用汉字10～50个	C3.3.1.1 能读出或指出生活中常用汉字10～50个	读出或指出生活中常用汉字10～50个（如姓名、校名等）	根据生活语文五级水平识字表（一）、表（二）制作的词卡	1.观察法。教师及主要照顾者对学生的课堂及日常进行观察。2.测验法。评估者出示根据生活语文五级水平识字表（一）、表（二）制作的词卡，请评估对象说出或指出词卡中的汉字	评估者说："请你读一读／指一指××。"	**0分**：能读出或指出生活中常用汉字41～50个；**1分**：能读出或指出生活中常用汉字31～40个；**2分**：能读出或指出生活中常用汉字21～30个；**3分**：能读出或指出生活中常用汉字10～20个；**4分**：只能读出或指出生活中常用汉字10个以下，或无法配合完成评估		
	C3.4 认识笔画	C3.4.1 能正确认读笔画	C3.4.1.1 能说出或指出笔画	说出或指出笔画（如点、横、竖、撇、捺等）	常用笔画的卡片23张	1.观察法。教师及主要照顾者对学生的课堂及日常进行观察。2.测验法。评估者出示笔画卡片，让评估对象说出或指出笔画	评估者说："请你读一读／指一指点/横/竖/撇/捺。"	**0分**：能说出或指出21～23个笔画；**1分**：能说出或指出17～20个笔画；**2分**：能说出或指出11～16个笔画；**3分**：能说出或指出2～10个笔画；**4分**：能说出或指出1个及以下笔画，或无法配合完成评估		

续表

Ⅰ级目标	Ⅱ级目标	Ⅲ级目标	Ⅳ级目标	评估项目	评估材料	评估方法	评估指导语	评估标准	评估结果	备注
C4 写字	C4.1 能用铅笔描写或抄写生活中常用汉字	C4.1.1 能用铅笔描写生活中常用汉字	C4.1.1.1 能用铅笔描写简单汉字	用铅笔描写简单汉字（如口、大、山、工、天等）	汉字描红本	1.观察法。教师及主要照顾者对学生的课堂及日常进行观察。 2.测验法。评估者出示汉字描红本，让评估对象描写简单汉字	评估者说："请你描一描。"	0分：不需要任何辅助即可用铅笔描写简单汉字，且用时较短、质量较好； 1分：不需要任何辅助即可用铅笔描写简单汉字，但用时较长或质量一般； 2分：仅需要提示或示范中的一种辅助即可用铅笔描写简单汉字； 3分：需要身体辅助方可用铅笔描写简单汉字； 4分：在身体辅助下也不能用铅笔描写简单汉字，或无法配合完成评估		
		C4.1.2 能用铅笔抄写生活中常用汉字	C4.1.2.1 能用铅笔抄写简单汉字	用铅笔抄写简单汉字（如口、大、山、工、天等）	生字本	1.观察法。教师及主要照顾者对学生的课堂及日常进行观察。 2.测验法。评估者出示生字本，让评估对象抄写简单汉字	评估者说："请你写一写。"	0分：不需要任何辅助即可用铅笔抄写简单汉字，且用时较短、质量较好； 1分：不需要任何辅助即可用铅笔抄写简单汉字，但用时较长或质量一般； 2分：仅需要提示或示范中的一种辅助即可用铅笔抄写简单汉字； 3分：需要身体辅助方可用铅笔抄写简单汉字； 4分：在身体辅助下也不能用铅笔抄写简单汉字，或无法配合完成评估		

续表

Ⅰ级目标	Ⅱ级目标	Ⅲ级目标	Ⅳ级目标	评估项目	评估材料	评估方法	评估指导语	评估标准	评估结果	备注
C4 写字	C4.2 能按从左到右的格式书写	C4.2.1 能在田字格里按从左到右的格式书写	C4.2.1.1 能在田字格里按从左到右的格式书写简单的一句话	在田字格里按从左到右的格式书写简单的一句话（如：山上有一头牛。）	文字样本、田字格作业本	1.观察法。教师及主要照顾者对学生的课堂及日常进行观察。 2.测验法。评估者给评估对象提供文字样本及田字格作业本，让评估对象用田字格作业本书写文字样本的文字，观察评估对象是否能按从左到右的格式书写	评估者说："请你在这个本子里写一写这句话。"	0分：不需要任何辅助即可在田字格里按从左到右的格式书写简单的一句话，且用时较短、质量较好； 1分：不需要任何辅助即可在田字格里按从左到右的格式书写简单的一句话，但用时较长或质量一般； 2分：仅需要提示或示范中的一种辅助即可在田字格里按从左到右的格式书写简单的一句话； 3分：需要身体辅助方可在田字格里按从左到右的格式书写简单的一句话； 4分：在身体辅助下也不能在田字格里按从左到右的格式书写简单的一句话，或无法配合完成评估		
C5 阅读	C5.1 能对书感兴趣，能模仿成人看书的样子	C5.1.1 能对书感兴趣	C5.1.1.1 能在日常生活中喜欢看书	在日常生活中喜欢看书	无	1.观察法。教师及主要照顾者对学生的课堂及日常进行观察。 2.访谈法。访谈教师或主要照顾者	评估者问："请问××在日常生活中喜欢看书吗？"（如回答喜欢，评估者再根据评估标准追问喜欢的程度）	0分：每天都看书； 1分：每周有3～5天看书； 2分：每周有1～2天看书； 3分：在家长提醒下才看书； 4分：对书本不感兴趣		

续表

I 级目标	II 级目标	III 级目标	IV 级目标	评估项目	评估材料	评估方法	评估指导语	评估标准	评估结果	备注
C5 阅读	C5.1 能对书感兴趣，能模仿成人看书的样子	C5.1.2 能模仿成人看书的样子	C5.1.2.1 能模仿成人看书的动作	模仿成人看书的动作	书本（如绘本、课本等）	1.观察法。教师及主要照顾者对学生的课堂及日常进行观察。2.测验法。评估者做看书的动作，让评估对象做一样的动作	评估者说："请你像我一样看书。"	0分：不需要任何辅助即可模仿成人看书的动作，且用时较短、质量较好；1分：不需要任何辅助即可模仿成人看书的动作，但用时较长或质量一般；2分：仅需要提示或示范中的一种辅助即可模仿成人看书的动作；3分：需要身体辅助方可模仿成人看书的动作；4分：在身体辅助下也不能模仿成人看书的动作，或无法配合完成评估		
	C5.2 能以基本正确的阅读姿势阅读	C5.2.1 能在学习生活中以基本正确的阅读姿势阅读	C5.2.1.1 能在学习生活中以基本正确的阅读姿势阅读书本	能在学习生活中以基本正确的阅读姿势（如头正、腰挺直等）阅读书本	书本（如绘本、课本等）	1.观察法。教师及主要照顾者对学生的课堂及日常进行观察。2.测验法。评估者将书本交给评估对象，请评估对象阅读，观察评估对象是否能以基本正确的阅读姿势（如头正、腰挺直等）阅读书本	评估者说："请你读一读这本书。"	0分：不需要任何辅助即可在学习生活中以基本正确的阅读姿势阅读书本，且用时较短、质量较好；1分：不需要任何辅助即可在学习生活中以基本正确的阅读姿势阅读书本，但用时较长或质量一般；2分：仅需要提示或示范中的一种辅助即可在学习生活中以基本正确的阅读姿势阅读书本；3分：需要身体辅助方可在学习生活中以基本正确的阅读姿势阅读书本；4分：在身体辅助下也不能在学习生活中以基本正确的阅读姿势阅读书本，或无法配合完成评估		

续表

Ⅰ级目标	Ⅱ级目标	Ⅲ级目标	Ⅳ级目标	评估项目	评估材料	评估方法	评估指导语	评估标准	评估结果	备注
C5 阅读	C5.3 能从图片中找出熟悉的人、物和生活场景	C5.3.1 能从图片中找出熟悉的人	C5.3.1.1 能从图片中找出熟悉的家人或同学	从图片中找出熟悉的家人或同学	无	1.观察法。教师及主要照顾者对学生的课堂及日常进行观察。 2.访谈法。访谈教师或主要照顾者	评估者问："请问××能从平常的照片或图片中找出自己认识的人吗？比如找出家人或同学。"	0分：不需要任何辅助即可从图片中找出熟悉的家人或同学，且用时较短、质量较好； 1分：不需要任何辅助即可从图片中找出熟悉的家人或同学，但用时较长或质量一般； 2分：仅需要提示或示范中的一种辅助即可从图片中找出熟悉的家人或同学； 3分：需要身体辅助方可从图片中找出熟悉的家人或同学； 4分：在身体辅助下也不能从图片中找出熟悉的家人或同学，或无法配合完成评估		
		C5.3.2 能从图片中找出熟悉的物品	C5.3.2.1 能从图片中找出熟悉的生活用品或学习用品	从图片中找出熟悉的生活用品或学习用品	5张常见的生活用品或学习用品的图片（如牙刷、毛巾、杯子、书包、铅笔）和3张干扰物图片（如打印机、牛奶、电视机）	1.观察法。教师及主要照顾者对学生的课堂及日常进行观察。 2.测验法。评估者出示常见的生活用品或学习用品的图片，请评估对象根据指令找出熟悉的物品	评估者说："请你找出××。"	0分：能从8张图片中找出5张熟悉的生活用品或学习用品的图片； 1分：能从8张图片中找出4张熟悉的生活用品或学习用品的图片； 2分：能从8张图片中找出3张熟悉的生活用品或学习用品的图片； 3分：能从8张图片中找出1～2张熟悉的生活用品或学习用品的图片； 4分：不能从8张图片中找出熟悉的生活用品或学习用品的图片，或无法配合完成评估		

续表

I级目标	II级目标	III级目标	IV级目标	评估项目	评估材料	评估方法	评估指导语	评估标准	评估结果	备注
C5 阅读	C5.3 能从图片中找出熟悉的人、物和生活场景	C5.3.3 能从图片中找出熟悉的生活场景	C5.3.3.1 能从图片中找出熟悉的生活场景	从图片中找出熟悉的生活场景（如学校、教室、操场、菜市、超市）	5张熟悉的生活场景图片（如学校、教室、操场、菜市、超市）、3张干扰物图片（如工厂、警察局、花店）	1.观察法。教师及主要照顾者对学生的课堂及日常进行观察。2.测验法。评估者出示熟悉的生活场景及干扰物图片，请评估对象找出自己熟悉的生活场景图片	评估者说："请你找一找学校/教室/操场/菜市/超市。"	0分：能从8张图片中找出5张熟悉的生活场景图片；1分：能从8张图片中找出4张熟悉的生活场景图片；2分：能从8张图片中找出3张熟悉的生活场景图片；3分：能从8张图片中找出1~2张熟悉的生活场景图片；4分：不能从8张图片中找出熟悉的生活场景图片，或无法配合完成评估		
	C5.4 能知道图片上的文字和画面是对应的，文字用来表示画面的意义	C5.4.1 能知道图文配对	C5.4.1.1 能根据图片找出相对应的文字	根据图片找出相对应的文字	书包、铅笔、毛巾等的图片及对应的字卡	1.观察法。教师及主要照顾者对学生的课堂及日常进行观察。2.测验法。评估者出示书包、铅笔、毛巾等的图片，请评估对象找出相对应的字卡	评估者说："请你找出这些图片的字卡。"	0分：不需要任何辅助即可根据图片找出相对应的文字，且用时较短、质量较好；1分：不需要任何辅助即可根据图片找出相对应的文字，但用时较长或质量一般；2分：仅需要提示或示范中的一种辅助即可根据图片找出相对应的文字；3分：需要身体辅助方可根据图片找出相对应的文字；4分：在身体辅助下也不能根据图片找出相对应的文字，或无法配合完成评估		

续表

Ⅰ级目标	Ⅱ级目标	Ⅲ级目标	Ⅳ级目标	评估项目	评估材料	评估方法	评估指导语	评估标准	评估结果	备注
C5 阅读	C5.5 能阅读背景简单的图画，了解大意	C5.5.1 能阅读背景简单的图画，并说出图画的大意	C5.5.1.1 能阅读背景简单的生活场景图画，并说出图画的大意	阅读背景简单的生活场景图画，并说出图画的大意	3张背景简单的生活场景图画	1.观察法。教师及主要照顾者对学生的课堂及日常进行观察。 2.测验法。评估者出示背景简单的生活场景图画，请评估对象说出图画的大意	评估者说："请你说一说图片中发生了什么事。"	0分：不需要任何辅助即可阅读背景简单的图画，并说出图画的大意，且用时较短、质量较好； 1分：不需要任何辅助即可阅读背景简单的图画，并说出图画的大意，但用时较长或质量一般； 2分：仅需要语言提示即可阅读背景简单的图画，并说出图画的大意； 3分：需要语言示范方可阅读背景简单的图画，并说出图画的大意； 4分：在语言示范下也不能阅读背景简单的图画，并说出图画的大意，或无法配合完成评估		
	C5.6 能认识句号、逗号、问号、感叹号	C5.6.1 能认识句号	C5.6.1.1 能说出句号的名称或指出句号	说出句号的名称或指出句号	标点符号的图片	1.观察法。教师及主要照顾者对学生的课堂及日常进行观察。 2.测验法。评估者出示句号，让评估对象说出句号/评估者出示标点符号，让评估对象指出句号	评估者问："这是什么符号？"/评估者说："请你指一指句号。"	0分：不需要任何辅助即可说出句号的名称或指出句号，且用时较短、质量较好； 1分：不需要任何辅助即可说出句号的名称或指出句号，但用时较长或质量一般； 2分：仅需要提示或示范中的一种辅助即可说出句号的名称或指出句号； 3分：需要身体辅助方可指出句号； 4分：在身体辅助下也不能指出句号，或无法配合完成评估		

续表

Ⅰ级目标	Ⅱ级目标	Ⅲ级目标	Ⅳ级目标	评估项目	评估材料	评估方法	评估指导语	评估标准	评估结果	备注
C5 阅读	C5.6 能认识句号、逗号、问号、感叹号	C5.6.1 能认识句号	C5.6.1.2 能在句子或短文中找出句号	在句子或短文中找出句号	含有句号的句子或短文图片	1.观察法。教师及主要照顾者对学生的课堂及日常进行观察。2.测验法。评估者出示句子或短文，让评估对象在句子或短文中找出句号	评估者说："请你找一找句号。"	0分：不需要任何辅助即可在句子或短文中找出句号，且用时较短、质量较好；1分：不需要任何辅助即可在句子或短文中找出句号，但用时较长或质量一般；2分：仅需要提示或示范中的一种辅助即可在句子或短文中找出句号；3分：需要身体辅助方可在句子或短文中找出句号；4分：在身体辅助下也不能在句子或短文中找出句号，或无法配合完成评估		
		C5.6.2 能认识逗号	C5.6.2.1 能说出逗号的名称或指出逗号	说出逗号的名称或指出逗号	标点符号的图片	1.观察法。教师及主要照顾者对学生的课堂及日常进行观察。2.测验法。评估者出示逗号，让评估对象说出逗号/评估者出示标点符号，让评估对象指出逗号	评估者问："这是什么符号？"/评估者说："请你指一指逗号。"	0分：不需要任何辅助即可说出逗号的名称或指出逗号，且用时较短、质量较好；1分：不需要任何辅助即可说出逗号的名称或指出逗号，但用时较长或质量一般；2分：仅需要提示或示范中的一种辅助即可说出逗号的名称或指出逗号；3分：需要身体辅助方可指出逗号；4分：在身体辅助下也不能指出逗号，或无法配合完成评估		

续表

Ⅰ级目标	Ⅱ级目标	Ⅲ级目标	Ⅳ级目标	评估项目	评估材料	评估方法	评估指导语	评估标准	评估结果	备注
C5 阅读	C5.6 能认识句号、逗号、问号、感叹号	C5.6.2 能认识逗号	C5.6.2.2 能在句子或短文中找出逗号	在句子或短文中找出逗号	含有逗号的句子或短文图片	1.观察法。教师及主要照顾者对学生的课堂及日常进行观察。 2.测验法。评估者出示句子或短文，让评估对象在句子或短文中找出逗号	评估者说："请你找一找逗号。"	0分：不需要任何辅助即可在句子或短文中找出逗号，且用时较短、质量较好； 1分：不需要任何辅助即可在句子或短文中找出逗号，但用时较长或质量一般； 2分：仅需要提示或示范中的一种辅助即可在句子或短文中找出逗号； 3分：需要身体辅助方可在句子或短文中找出逗号； 4分：在身体辅助下也不能在句子或短文中找出逗号，或无法配合完成评估		
		C5.6.3 能认识问号	C5.6.3.1 能说出问号的名称或指出问号	说出问号的名称或指出问号	标点符号的图片	1.观察法。教师及主要照顾者对学生的课堂及日常进行观察。 2.测验法。评估者出示问号，让评估对象说出问号/评估者出示标点符号，让评估对象指出问号	评估者问："这是什么符号？"/评估者说："请你指一指问号。"	0分：不需要任何辅助即可说出问号的名称或指出问号，且用时较短、质量较好； 1分：不需要任何辅助即可说出问号的名称或指出问号，但用时较长或质量一般； 2分：仅需要提示或示范中的一种辅助即可说出问号的名称或指出问号； 3分：需要身体辅助方可指出问号； 4分：在身体辅助下也不能指出问号，或无法配合完成评估		

续表

Ⅰ级目标	Ⅱ级目标	Ⅲ级目标	Ⅳ级目标	评估项目	评估材料	评估方法	评估指导语	评估标准	评估结果	备注
C5 阅读	C5.6 能认识句号、逗号、问号、感叹号	C5.6.3 能认识问号	C5.6.3.2 能在句子或短文中找出问号	在句子或短文中找出问号	含有问号的句子或短文图片	1.观察法。教师及主要照顾者对学生的课堂及日常进行观察。 2.测验法。评估者出示句子或短文，让评估对象在句子或短文中找出问号	评估者说："请你找一找问号。"	0分：不需要任何辅助即可在句子或短文中找出问号，且用时较短、质量较好； 1分：不需要任何辅助即可在句子或短文中找出问号，但用时较长或质量一般； 2分：仅需要提示或示范中的一种辅助即可在句子或短文中找出问号； 3分：需要身体辅助方可在句子或短文中找出问号； 4分：在身体辅助下也不能在句子或短文中找出问号，或无法配合完成评估		
		C5.6.4 能认识感叹号	C5.6.4.1 能说出感叹号的名称或指出感叹号	说出感叹号的名称或指出感叹号	标点符号的图片	1.观察法。教师及主要照顾者对学生的课堂及日常进行观察。 2.测验法。评估者出示感叹号，让评估对象说出感叹号/评估者出示标点符号，让评估对象指出感叹号	评估者问："这是什么符号？" /评估者说："请你指一指感叹号。"	0分：不需要任何辅助即可说出感叹号的名称或指出感叹号，且用时较短、质量较好； 1分：不需要任何辅助即可说出感叹号的名称或指出感叹号，但用时较长或质量一般； 2分：仅需要提示或示范中的一种辅助即可说出感叹号的名称或指出感叹号； 3分：需要身体辅助方可指出感叹号； 4分：在身体辅助下也不能指出感叹号，或无法配合完成评估		

续表

Ⅰ级目标	Ⅱ级目标	Ⅲ级目标	Ⅳ级目标	评估项目	评估材料	评估方法	评估指导语	评估标准	评估结果	备注
C5 阅读	C5.6 能认识句号、逗号、问号、感叹号	C5.6.4 能认识感叹号	C5.6.4.2 能在句子或短文中找出感叹号	在句子或短文中找出感叹号	含有感叹号的句子或短文图片	1.观察法。教师及主要照顾者对学生的课堂及日常进行观察。 2.测验法。评估者出示句子或短文，让评估对象在句子或短文中找出感叹号	评估者说："请你找一找感叹号。"	0分：不需要任何辅助即可在句子或短文中找出感叹号，且用时较短、质量较好； 1分：不需要任何辅助即可在句子或短文中找出感叹号，但用时较长或质量一般； 2分：仅需要提示或示范中的一种辅助即可在句子或短文中找出感叹号； 3分：需要身体辅助方可在句子或短文中找出感叹号； 4分：在身体辅助下也不能在句子或短文中找出感叹号，或无法配合完成评估		
	C5.7 能用普通话朗读简单句	C5.7.1 能用普通话朗读简单的陈述句、疑问句、感叹句	C5.7.1.1 能用普通话朗读简单的陈述句	用普通话朗读简单的陈述句（如："我家里有爸爸和妈妈。"）	陈述句文本	1.观察法。教师及主要照顾者对学生的课堂及日常进行观察。 2.测验法。评估者出示陈述句文本，让评估对象用普通话朗读，观察评估对象是否能用普通话朗读陈述句	评估者说："请你读一读。"	0分：能用普通话朗读简单的陈述句，且用时较短、质量较好； 1分：能用普通话朗读简单的陈述句，但用时较长或质量一般； 2分：仅需要语言提示即可用普通话朗读简单的陈述句； 3分：需要语言示范方可用普通话朗读简单的陈述句； 4分：在语言示范下也不能用普通话朗读简单的陈述句，或无法配合完成评估		

续表

Ⅰ级目标	Ⅱ级目标	Ⅲ级目标	Ⅳ级目标	评估项目	评估材料	评估方法	评估指导语	评估标准	评估结果	备注
C5 阅读	C5.7 能用普通话朗读简单的陈述句、疑问句、感叹句	C5.7.1 能用普通话朗读简单的陈述句、疑问句、感叹句	C5.7.1.2 能用普通话朗读简单的疑问句	用普通话朗读简单的疑问句（如："你吃饭了吗？"）	疑问句文本	1.观察法。教师及主要照顾者对学生的课堂及日常进行观察。2.测验法。评估者出示疑问句文本，让评估对象用普通话朗读，观察评估对象是否能用普通话朗读疑问句	评估者说:"请你读一读。"	0分：能用普通话朗读简单的疑问句，且用时较短、质量较好；1分：能用普通话朗读简单的疑问句，但用时较长或质量一般；2分：仅需要语言提示即可用普通话朗读简单的疑问句；3分：需要语言示范方可用普通话朗读简单的疑问句；4分：在语言示范下也不能用普通话朗读简单的疑问句，或无法配合完成评估		
			C5.7.1.3 能用普通话朗读简单的感叹句	用普通话朗读简单的感叹句（如："妈妈长得真好看！"）	感叹句文本	1.观察法。教师及主要照顾者对学生的课堂及日常进行观察。2.测验法。评估者出示感叹句文本，让评估对象用普通话朗读，观察评估对象是否能用普通话朗读感叹句	评估者说:"请你读一读。"	0分：能用普通话朗读简单的感叹句，且用时较短、质量较好；1分：能用普通话朗读简单的感叹句，但用时较长或质量一般；2分：仅需要语言提示即可用普通话朗读简单的感叹句；3分：需要语言示范方可用普通话朗读简单的感叹句；4分：在语言示范下也不能用普通话朗读简单的感叹句，或无法配合完成评估		

续表

Ⅰ级目标	Ⅱ级目标	Ⅲ级目标	Ⅳ级目标	评估项目	评估材料	评估方法	评估指导语	评估标准	评估结果	备注
C5 阅读	C5.8 能诵读诗歌	C5.8.1 能诵读简单的诗歌	C5.8.1.1 能背诵简单的诗歌5～10首	背诵简单的诗歌5～10首	5～10首诗歌题目	1.观察法。教师及主要照顾者对学生的课堂及日常进行观察。 2.测验法。评估者说出诗歌题目，让评估对象背诵，观察评估对象是否能背诵诗歌	评估者说："请你背一背诗歌××。"	0分：能背诵5首以上的诗歌； 1分：能背诵4首诗歌； 2分：能背诵3首诗歌； 3分：能背诵1～2首诗歌； 4分：不能背诵任何一首诗歌		
			C5.8.1.2 能朗读简单的诗歌5～10首	朗读简单的诗歌5～10首	5～10首诗歌文本	1.观察法。教师及主要照顾者对学生的课堂及日常进行观察。 2.测验法。评估者出示诗歌文本，让评估对象朗读诗歌，观察评估对象是否能朗读诗歌	评估者说："请你读一读诗歌××。"	0分：能朗读5首以上的诗歌； 1分：能朗读4首诗歌； 2分：能朗读3首诗歌； 3分：能朗读1～2首诗歌； 4分：不能朗读任何一首诗歌		

续表

I级目标	II级目标	III级目标	IV级目标	评估项目	评估材料	评估方法	评估指导语	评估标准	评估结果	备注
C6 综合性学习	C6.1 能熟悉班级环境,能与同伴一起交谈,获取有关信息（如同学姓名、班级老师姓名、班级课程表、场馆名称等），从中体验语言交流的乐趣,具有初步的文明交往意识	C6.1.1 能熟悉班级环境,与同伴一起交谈,获取有关信息（如同学姓名、班级老师姓名、班级课程表、场馆名称等）	C6.1.1.1 能说出同学的名字或根据名字指出对应的同学	说出同学的名字或根据名字指出对应的同学	无	1.观察法。教师及主要照顾者对学生的课堂及日常进行观察。 2.测验法。评估者询问评估对象班级同学的姓名,观察评估对象的回应。 3.访谈法。访谈教师或主要照顾者	评估者问："你的同学叫什么名字?"/评估者问："请问××能根据名字指出对应的同学吗?"	0分：不需要任何辅助即可说出同学的名字或根据名字指出对应的同学,且用时较短、质量较好; 1分：不需要任何辅助即可说出同学的名字或根据名字指出对应的同学,但用时较长或质量一般; 2分：仅需要提示或示范中的一种辅助即可说出同学的名字或根据名字指出对应的同学; 3分：需要身体辅助方可根据名字指出对应的同学; 4分：在身体辅助下也不能根据名字指出对应的同学,或无法配合完成评估		

续表

Ⅰ级目标	Ⅱ级目标	Ⅲ级目标	Ⅳ级目标	评估项目	评估材料	评估方法	评估指导语	评估标准	评估结果	备注
C6 综合性学习	C6.1 能熟悉班级环境，能与同伴一起交谈，获取有关信息（如同学姓名、班级老师姓名、班级课程表、场馆名称等），从中体验语言交流的乐趣，具有初步的文明交往意识	C6.1.1 能熟悉班级环境，与同伴一起交谈，获取有关信息（如同学姓名、班级老师姓名、班级课程表、场馆名称等）	C6.1.1.2 能说出班级老师的名字或根据名字指出对应的班级老师	说出班级老师的名字或根据名字指出对应的班级老师	无	1.观察法。教师及主要照顾者对学生的课堂及日常进行观察。 2.测验法。评估者询问评估对象班级老师的名字，观察评估对象的回应。 3.访谈法。访谈教师或主要照顾者	评估者问："你的老师叫什么名字?"/评估者问："请问××能根据名字指出对应的老师吗?"	0分：不需要任何辅助即可说出班级老师的名字或根据名字指出对应的班级老师，且用时较短、质量较好； 1分：不需要任何辅助即可说出班级老师的名字或根据名字指出对应的班级老师，但用时较长或质量一般； 2分：仅需要提示或示范中的一种辅助即可说出班级老师的名字或根据名字指出对应的班级老师； 3分：需要身体辅助方可根据名字指出对应的班级老师； 4分：在身体辅助下也不能根据名字指出对应的班级老师，或无法配合完成评估		

续表

Ⅰ级目标	Ⅱ级目标	Ⅲ级目标	Ⅳ级目标	评估项目	评估材料	评估方法	评估指导语	评估标准	评估结果	备注
C6 综合性学习	C6.1 能熟悉班级环境，能与同伴一起交谈，获取有关信息（如同学姓名、班级老师姓名、班级课程表、场馆名称等），从中体验语言交流的乐趣，具有初步的文明交往意识	C6.1.1 能熟悉班级环境，与同伴一起交谈，获取有关信息（如同学姓名、班级老师姓名、班级课程表、场馆名称等）	C6.1.1.3 能说出或指出班级课程表	说出或指出班级课程表	班级课程表、干扰物	1.观察法。教师及主要照顾者对学生的课堂及日常进行观察。 2.测验法。评估者出示班级课程表及干扰物，请评估对象说出或指出班级课程表，观察评估对象的回应	评估者出示班级课程表，问评估对象："这是什么？"/评估者出示班级课程表及干扰物，对评估对象说："请你指一指哪个是课程表。"	0分：不需要任何辅助即可说出或指出班级课程表，且用时较短、质量较好； 1分：不需要任何辅助即可说出或指出班级课程表，但用时较长或质量一般； 2分：仅需要提示或示范中的一种辅助即可说出或指出班级课程表； 3分：需要身体辅助方可指出班级课程表； 4分：在身体辅助下也不能指出班级课程表，或无法配合完成评估		

续表

Ⅰ级目标	Ⅱ级目标	Ⅲ级目标	Ⅳ级目标	评估项目	评估材料	评估方法	评估指导语	评估标准	评估结果	备注
C6 综合性学习	C6.2 能参加班级、学校活动，在活动中初步养成良好的语言行为习惯	C6.2.1 能参加班级、学校活动	C6.2.1.1 能参加班级、学校的集体活动（如听故事、看动画片等）	参加班级、学校的集体活动(如听故事、看动画片等）	无	1.观察法。教师及主要照顾者对学生的课堂及日常进行观察。 2.访谈法。访谈教师或主要照顾者	评估者问："请问××能否参加班级、学校的集体活动？比如听故事、看动画片等。"	0分：不需要任何辅助即可参加班级、学校的集体活动，且用时较短、质量较好； 1分：不需要任何辅助即可参加班级、学校的集体活动，但用时较长或质量一般； 2分：仅需要提示或示范中的一种辅助即可参加班级、学校的集体活动； 3分：需要身体辅助方可参加班级、学校的集体活动； 4分：在身体辅助下也不能参加班级、学校的集体活动，或无法配合完成评估		
		C6.2.2 能在活动中初步养成良好的语言行为习惯	C6.2.2.1 能在活动中初步养成文明的语言行为习惯（如不大声喧哗、听从指令、有礼貌等）	在活动中初步养成文明的语言行为习惯（如不大声喧哗、听从指令、有礼貌等）	无	1.观察法。教师及主要照顾者对学生的课堂及日常进行观察。 2.访谈法。访谈教师或主要照顾者	评估者问："请问××是否能在参加活动时做到不大声喧哗、听从指令、有礼貌等？"	0分：不需要任何辅助即可在活动中初步养成文明的语言行为习惯，且用时较短、质量较好； 1分：不需要任何辅助即可在活动中初步养成文明的语言行为习惯，但用时较长或质量一般； 2分：仅需要提示或示范中的一种辅助即可在活动中初步养成文明的语言行为习惯； 3分：需要身体辅助方可在活动中初步养成文明的语言行为习惯； 4分：在身体辅助下也不能在活动中初步养成文明的语言行为习惯，或无法配合完成评估		

生活数学课程评估

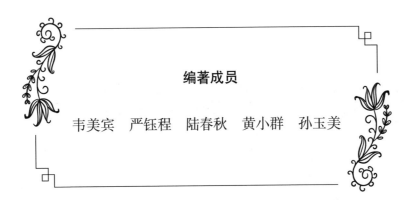

编著成员

韦美宾 严钰程 陆春秋 黄小群 孙玉美

生活数学课程评估一览表

Ⅰ级目标	Ⅱ级目标	Ⅲ级目标	Ⅳ级目标	评估项目	评估材料	评估方法	评估指导语	评估标准	评估结果	备注
M1 数学概念	M1.1 常见的数学概念	M1.1.1 会区分物体的有无、多少、同样多	M1.1.1.1 能说出或指出实际物品的有无	说出或指出实际物品的有无	透明袋子2个、彩色积木2块	1.观察法。教师及主要照顾者对学生的课堂及日常进行观察。2.测验法。评估者向评估对象出示2个透明袋子（其中一个空置，另一个装有2块彩色积木），请评估对象说出或指出哪个透明袋子里有积木，哪个透明袋子里没有	评估者说："请你说一说或指一指哪个透明袋子里有东西，哪个透明袋子里没有东西。"	0分：不需要任何辅助即可说出或指出实际物品的有无，且用时较短、质量较好；1分：不需要任何辅助即可说出或指出实际物品的有无，但用时较长或质量一般；2分：仅需要提示或示范中的一种辅助即可说出或指出实际物品的有无；3分：需要身体辅助方指出实际物品的有无；4分：在身体辅助下也不能指出实际物品的有无，或无法配合完成评估		

续表

I 级目标	II 级目标	III级目标	IV级目标	评估项目	评估材料	评估方法	评估指导语	评估标准	评估结果	备注
M1 数学概念	M1.1 常见的数学概念	M1.1.1 会区分物体的有无、多少、同样多	M1.1.1.2 能说出或指出图片中物品的有无	说出或指出图片中物品的有无	空白的图片、有物品的图片	1.观察法。教师及主要照顾者对学生的课堂及日常进行观察。2.测验法。评估者向评估对象出示空白的图片和有物品的图片，请评估对象说出或指出哪张图片有东西，哪张图片没有	评估者说："请你说一说或指一指哪张图片有东西，哪张图片没有东西。"	0分：不需要任何辅助即可说出或指出图片中物品的有无，且用时较短、质量较好；1分：不需要任何辅助即可说出或指出图片中物品的有无，但用时较长或质量一般；2分：仅需要提示或示范中的一种辅助即可说出或指出图片中物品的有无；3分：需要身体辅助方可指出图片中物品的有无；4分：在身体辅助下也不能指出图片中物品的有无，或无法配合完成评估		
			M1.1.1.3 能说出或指出同类物品的多少	说出或指出同类物品的多少	多种颜色的雪花片若干	1.观察法。教师及主要照顾者对学生的课堂及日常进行观察。2.测验法。评估者向评估对象出示两堆多种颜色、不同数量的雪花片，请评估对象说出或指出哪堆雪花片多,哪堆雪花片少	评估者说："请你说一说或指一指哪边的雪花片多，哪边的雪花片少。"	0分：不需要任何辅助即可说出或指出同类物品的多少，且用时较短、质量较好；1分：不需要任何辅助即可说出或指出同类物品的多少，但用时较长或质量一般；2分：仅需要提示或示范中的一种辅助即可说出或指出同类物品的多少；3分：需要身体辅助方可指出同类物品的多少；4分：在身体辅助下也不能指出同类物品的多少，或无法配合完成评估		

续表

I级目标	II级目标	III级目标	IV级目标	评估项目	评估材料	评估方法	评估指导语	评估标准	评估结果	备注
M1 数学概念	M1.1 常见的数学概念	M1.1.1 会区分物体的有无、多少、同样多	M1.1.1.4 能说出或指出不同类物品的多少	说出或指出不同类物品的多少	雪花片、积木若干	1.观察法。教师及主要照顾者对学生的课堂及日常进行观察。2.测验法。评估者向评估对象出示一堆雪花片和一堆积木，请评估对象说出或指出它们的多少	评估者说："请你说一说或指一指哪边多，哪边少。"	**0分**：不需要任何辅助即可说出或指出不同类物品的多少，且用时较短、质量较好；**1分**：不需要任何辅助即可说出或指出不同类物品的多少，但用时较长或质量一般；**2分**：仅需要提示或示范中的一种辅助即可说出或指出不同类物品的多少；**3分**：需要身体辅助方可指出不同类物品的多少；**4分**：在身体辅助下也不能指出不同类物品的多少，或无法配合完成评估		
			M1.1.1.5 能说出或指出相同物品的数量同样多	说出或指出相同物品的数量同样多	雪花片若干	1.观察法。教师及主要照顾者对学生的课堂及日常进行观察。2.测验法。评估者向评估对象出示两堆数量相同或数量不同的雪花片，请评估对象说出是否同样多或指出同样多的	评估者问："它们同样多吗？"/评估者说："请指出同样多的雪花片。"	**0分**：不需要任何辅助即可说出或指出相同物品的数量同样多，且用时较短、质量较好；**1分**：不需要任何辅助即可说出或指出相同物品的数量同样多，但用时较长或质量一般；**2分**：仅需要提示或示范中的一种辅助即可说出或指出相同物品的数量同样多；**3分**：需要身体辅助方可指出相同物品的数量同样多；**4分**：在身体辅助下也不能指出相同物品的数量同样多，或无法配合完成评估		

续表

Ⅰ级目标	Ⅱ级目标	Ⅲ级目标	Ⅳ级目标	评估项目	评估材料	评估方法	评估指导语	评估标准	评估结果	备注
M1 数学概念	M1.1 常见的数学概念	M1.1.1 会区分物体的有无、多少、同样多	M1.1.1.6 能说出或指出不同物品的数量同样多	说出或指出不同物品的数量同样多	雪花片、积木若干	1.观察法。教师及主要照顾者对学生的课堂及日常进行观察。2.测验法。评估者向评估对象出示两堆数量相同或数量不同的雪花片和积木，请评估对象说出是否同样多或指出同样多的	评估者问："它们同样多吗？" / 评估者说："请指出同样多的雪花片和积木。"	0分：不需要任何辅助即可说出或指出不同物品的数量同样多，且用时较短、质量较好；1分：不需要任何辅助即可说出或指出不同物品的数量同样多，但用时较长或质量一般；2分：仅需要提示或示范中的一种辅助即可说出或指出不同物品的数量同样多；3分：需要身体辅助方可指出不同物品的数量同样多；4分：在身体辅助下也不能指出不同物品的数量同样多，或无法配合完成评估		
		M1.1.2 会区分物体的大小、长短、高矮	M1.1.2.1 能说出或指出同类物品的大小	说出或指出同类物品的大小	除大小不一样，其他特征相同的物品（如大小不同的正方体积木2块）	1.观察法。教师及主要照顾者对学生的课堂及日常进行观察。2.测验法。评估者向评估对象出示2块大小不一样的正方体积木，请评估对象说出或指出哪块积木大，哪块积木小	评估者说："请你说一说或指一指哪块积木大，哪块积木小。"	0分：不需要任何辅助即可说出或指出同类物品的大小，且用时较短、质量较好；1分：不需要任何辅助即可说出或指出同类物品的大小，但用时较长或质量一般；2分：仅需要提示或示范中的一种辅助即可说出或指出同类物品的大小；3分：需要身体辅助方可指出同类物品的大小；4分：在身体辅助下也不能指出同类物品的大小，或无法配合完成评估		

续表

Ⅰ级目标	Ⅱ级目标	Ⅲ级目标	Ⅳ级目标	评估项目	评估材料	评估方法	评估指导语	评估标准	评估结果	备注
M1 数学概念	M1.1 常见的数学概念	M1.1.2 会区分物体的大小、长短、高矮	M1.1.2.2 能说出或指出不同类物品的大小	说出或指出不同类物品的大小	正方体积木、比正方体积木小的橡皮	1.观察法。教师及主要照顾者对学生的课堂及日常进行观察。2.测验法。评估者向评估对象出示大小不一样的正方体积木和橡皮，请评估对象说出或指出哪个大，哪个小	评估者说："请你说一说或指一指哪个大，哪个小。"	0分：不需要任何辅助即可说出或指出不同类物品的大小，且用时较短、质量较好；1分：不需要任何辅助即可说出或指出不同类物品的大小，但用时较长或质量一般；2分：仅需要提示或示范中的一种辅助即可说出或指出不同类物品的大小；3分：需要身体辅助方可指出不同类物品的大小；4分：在身体辅助下也不能指出不同类物品的大小，或无法配合完成评估		
			M1.1.2.3 能说出或指出同类物品的长短	说出或指出同类物品的长短	除长度不一样，其他特征相同的物品（如长度不同的长方体积木2块）	1.观察法。教师及主要照顾者对学生的课堂及日常进行观察。2.测验法。评估者向评估对象出示2块长度不一样的长方体积木，请评估对象说出或指出哪块积木长，哪块积木短	评估者说："请你说一说或指一指哪块积木长，哪块积木短。"	0分：不需要任何辅助即可说出或指出同类物品的长短，且用时较短、质量较好；1分：不需要任何辅助即可说出或指出同类物品的长短，但用时较长或质量一般；2分：仅需要提示或示范中的一种辅助即可说出或指出同类物品的长短；3分：需要身体辅助方可指出同类物品的长短；4分：在身体辅助下也不能指出同类物品的长短，或无法配合完成评估		

续表

Ⅰ级目标	Ⅱ级目标	Ⅲ级目标	Ⅳ级目标	评估项目	评估材料	评估方法	评估指导语	评估标准	评估结果	备注
M1 数学概念	M1.1 常见的数学概念	M1.1.2 会区分物体的大小、长短、高矮	M1.1.2.4 能说出或指出不同类物品的长短	说出或指出不同类物品的长短	长方体积木、比长方体积木短的铅笔	1.观察法。教师及主要照顾者对学生的课堂及日常进行观察。 2.测验法。评估者向评估对象出示长的长方体积木和短的铅笔，请评估对象说出或指出哪个长，哪个短	评估者说："请你说一说或指一指哪个长，哪个短。"	0分：不需要任何辅助即可说出或指出不同类物品的长短，且用时较短、质量较好； 1分：不需要任何辅助即可说出或指出不同类物品的长短，但用时较长或质量一般； 2分：仅需要提示或示范中的一种辅助即可说出或指出不同类物品的长短； 3分：需要身体辅助方可指出不同类物品的长短； 4分：在身体辅助下也不能指出不同类物品的长短，或无法配合完成评估		
			M1.1.2.5 能说出或指出同类物品的高矮	说出或指出同类物品的高矮	除高度不一样，其他特征相同的物品（如高度不同的长方体积木2块）	1.观察法。教师及主要照顾者对学生的课堂及日常进行观察。 2.测验法。评估者向评估对象出示2块高度不一样的长方体积木，请评估对象说出或指出哪块积木高，哪块积木矮	评估者说："请你说一说或指一指哪块积木高，哪块积木矮。"	0分：不需要任何辅助即可说出或指出同类物品的高矮，且用时较短、质量较好； 1分：不需要任何辅助即可说出或指出同类物品的高矮，但用时较长或质量一般； 2分：仅需要提示或示范中的一种辅助即可说出或指出同类物品的高矮； 3分：需要身体辅助方可指出同类物品的高矮； 4分：在身体辅助下也不能指出同类物品的高矮，或无法配合完成评估		

续表

Ⅰ级目标	Ⅱ级目标	Ⅲ级目标	Ⅳ级目标	评估项目	评估材料	评估方法	评估指导语	评估标准	评估结果	备注
M1 数学概念	M1.1 常见的数学概念	M1.1.2 会区分物体的大小、长短、高矮	M1.1.2.6 能说出或指出不同类物品的高矮	说出或指出不同类物品的高矮	杯子、比杯子矮的积木	1.观察法。教师及主要照顾者对学生的课堂及日常进行观察。2.测验法。评估者向评估对象出示高的杯子和矮的积木，请评估对象说出或指出哪个高，哪个矮	评估者说："请你说一说或指一指哪个高，哪个矮。"	0分：不需要任何辅助即可说出或指出不同类物品的高矮，且用时较短、质量较好；1分：不需要任何辅助即可说出或指出不同类物品的高矮，但用时较长或质量一般；2分：仅需要提示或示范中的一种辅助即可说出或指出不同类物品的高矮；3分：需要身体辅助方可指出不同类物品的高矮；4分：在身体辅助下也不能指出不同类物品的高矮，或无法配合完成评估		
		M1.1.3 会对物体的大小、长短、高矮进行排序	M1.1.3.1 能排序同类物品的大小	排序同类物品的大小	除大小不一样，其他特征相同的物品（如大小不一样的正方体积木3块）	1.观察法。教师及主要照顾者对学生的课堂及日常进行观察。2.测验法。评估者向评估对象出示3块大小不一样的正方体积木，请评估对象按照大小排序	评估者说："请你按照从大（小）到小（大）的顺序排列。"	0分：不需要任何辅助即可排序同类物品的大小，且用时较短、质量较好；1分：不需要任何辅助即可排序同类物品的大小，但用时较长或质量一般；2分：仅需要提示或示范中的一种辅助即可排序同类物品的大小；3分：需要身体辅助方可排序同类物品的大小；4分：在身体辅助下也不能排序同类物品的大小，或无法配合完成评估		

续表

Ⅰ级目标	Ⅱ级目标	Ⅲ级目标	Ⅳ级目标	评估项目	评估材料	评估方法	评估指导语	评估标准	评估结果	备注
M1 数学概念	M1.1 常见的数学概念	M1.1.3 会对物体的大小、长短、高矮进行排序	M1.1.3.2 能排序不同类物品的大小	排序不同类物品的大小	大小不一样的不同类物品（如积木、橡皮、盒子等）	1.观察法。教师及主要照顾者对学生的课堂及日常进行观察。2.测验法。评估者向评估对象出示三种大小不一样的物品，请评估对象按照大小排序	评估者说："请你按照从大（小）到小（大）的顺序排列。"	0分：不需要任何辅助即可排序不同类物品的大小，且用时较短、质量较好；1分：不需要任何辅助即可排序不同类物品的大小，但用时较长或质量一般；2分：仅需要提示或示范中的一种辅助即可排序不同类物品的大小；3分：需要身体辅助方可排序不同类物品的大小；4分：在身体辅助下也不能排序不同类物品的大小，或无法配合完成评估		
			M1.1.3.3 能排序同类物品的长短	排序同类物品的长短	除长度不一样，其他特征相同的物品（如长短不一样的铅笔3支）	1.观察法。教师及主要照顾者对学生的课堂及日常进行观察。2.测验法。评估者向评估对象出示3支长短不一样的铅笔，请评估对象按照长短排序	评估者说："请你按照从长（短）到短（长）的顺序排列。"	0分：不需要任何辅助即可排序同类物品的长短，且用时较短、质量较好；1分：不需要任何辅助即可排序同类物品的长短，但用时较长或质量一般；2分：仅需要提示或示范中的一种辅助即可排序同类物品的长短；3分：需要身体辅助方可排序同类物品的长短；4分：在身体辅助下也不能排序同类物品的长短，或无法配合完成评估		

续表

Ⅰ级目标	Ⅱ级目标	Ⅲ级目标	Ⅳ级目标	评估项目	评估材料	评估方法	评估指导语	评估标准	评估结果	备注
M1 数学概念	M1.1 常见的数学概念	M1.1.3 会对物体的大小、长短、高矮进行排序	M1.1.3.4 能排序不同类物品的长短	排序不同类物品的长短	长度不一样的不同类物品（如长棒、铅笔、小计数棒等）	1.观察法。教师及主要照顾者对学生的课堂及日常进行观察。2.测验法。评估者向评估对象出示三种长短不一样的物品，请评估对象按照长短排序	评估者说："请你按照从长（短）到短（长）的顺序排列。"	0分：不需要任何辅助即可排序不同类物品的长短，且用时较短、质量较好；1分：不需要任何辅助即可排序不同类物品的长短，但用时较长或质量一般；2分：仅需要提示或示范中的一种辅助即可排序不同类物品的长短；3分：需要身体辅助方可排序不同类物品的长短；4分：在身体辅助下也不能排序不同类物品的长短，或无法配合完成评估		
			M1.1.3.5 能排序同类物品的高矮	排序同类物品的高矮	除高度不一样，其他特征相同的物品（如高度不一样的长棒3根）	1.观察法。教师及主要照顾者对学生的课堂及日常进行观察。2.测验法。评估者向评估对象出示3根高度不一样的长棒，请评估对象按照高矮排序	评估者说："请你按照从高（矮）到矮（高）的顺序排列。"	0分：不需要任何辅助即可排序同类物品的高矮，且用时较短、质量较好；1分：不需要任何辅助即可排序同类物品的高矮，但用时较长或质量一般；2分：仅需要提示或示范中的一种辅助即可排序同类物品的高矮；3分：需要身体辅助方可排序同类物品的高矮；4分：在身体辅助下也不能排序同类物品的高矮，或无法配合完成评估		

续表

Ⅰ级目标	Ⅱ级目标	Ⅲ级目标	Ⅳ级目标	评估项目	评估材料	评估方法	评估指导语	评估标准	评估结果	备注
M1 数学概念	M1.1 常见的数学概念	M1.1.3 会对物体的大小、长短、高矮进行排序	M1.1.3.6 能排序不同类物品的高矮	排序不同类物品的高矮	高度不一样的不同类物品（如长棒、固体胶、橡皮等）	1.观察法。教师及主要照顾者对学生的课堂及日常进行观察。2.测验法。评估者向评估对象出示三种高度不一样的物品，请评估对象按照高矮排序	评估者说："请你按照从高（矮）到矮（高）的顺序排列。"	0分：不需要任何辅助即可排序不同类物品的高矮，且用时较短、质量较好；1分：不需要任何辅助即可排序不同类物品的高矮，但用时较长或质量一般；2分：仅需要提示或示范中的一种辅助即可排序不同类物品的高矮；3分：需要身体辅助方可排序不同类物品的高矮；4分：在身体辅助下也不能排序不同类物品的高矮，或无法配合完成评估		
		M1.1.4 会区分物体的粗细、厚薄、轻重、宽窄	M1.1.4.1 能说出或指出同类物品的粗细	说出或指出同类物品的粗细	除粗细不一样，其他特征相同的物品（如粗细不一样的长方体积木2块）	1.观察法。教师及主要照顾者对学生的课堂及日常进行观察。2.测验法。评估者向评估对象出示2块粗细不一样的长方体积木，请评估对象说出或指出哪块积木粗，哪块积木细	评估者说："请你说一说或指一指哪块积木粗，哪块积木细。"	0分：不需要任何辅助即可说出或指出同类物品的粗细，且用时较短、质量较好；1分：不需要任何辅助即可说出或指出同类物品的粗细，但用时较长或质量一般；2分：仅需要提示或示范中的一种辅助即可说出或指出同类物品的粗细；3分：需要身体辅助方可指出同类物品的粗细；4分：在身体辅助下也不能指出同类物品的粗细，或无法配合完成评估		

续表

Ⅰ级目标	Ⅱ级目标	Ⅲ级目标	Ⅳ级目标	评估项目	评估材料	评估方法	评估指导语	评估标准	评估结果	备注
M1 数学概念	M1.1 常见的数学概念	M1.1.4 会区分物体的粗细、厚薄、轻重、宽窄	M1.1.4.2 能说出或指出不同类物品的粗细	说出或指出不同类物品的粗细	粗细不一样的不同类物品（如杯子、铅笔等）	1.观察法。教师及主要照顾者对学生的课堂及日常进行观察。 2.测验法。评估者向评估对象出示两种粗细不一样的物品，请评估对象说出或指出哪个粗，哪个细	评估者说："请你说一说或指一指哪个粗，哪个细。"	0分：不需要任何辅助即可说出或指出不同类物品的粗细，且用时较短、质量较好； 1分：不需要任何辅助即可说出或指出不同类物品的粗细，但用时较长或质量一般； 2分：仅需要提示或示范中的一种辅助即可说出或指出不同类物品的粗细； 3分：需要身体辅助方可指出不同类物品的粗细； 4分：在身体辅助下也不能指出不同类物品的粗细，或无法配合完成评估		
			M1.1.4.3 能说出或指出同类物品的厚薄	说出或指出同类物品的厚薄	除厚薄不一样，其他特征相同的物品（如厚薄不一样的书2本）	1.观察法。教师及主要照顾者对学生的课堂及日常进行观察。 2.测验法。评估者向评估对象出示2本厚薄不一样的书，请评估对象说出或指出哪本书厚，哪本书薄	评估者说："请你说一说或指一指哪本书厚，哪本书薄。"	0分：不需要任何辅助即可说出或指出同类物品的厚薄，且用时较短、质量较好； 1分：不需要任何辅助即可说出或指出同类物品的厚薄，但用时较长或质量一般； 2分：仅需要提示或示范中的一种辅助即可说出或指出同类物品的厚薄； 3分：需要身体辅助方可指出同类物品的厚薄； 4分：在身体辅助下也不能指出同类物品的厚薄，或无法配合完成评估		

续表

I级目标	II级目标	III级目标	IV级目标	评估项目	评估材料	评估方法	评估指导语	评估标准	评估结果	备注
M1 数学概念	M1.1 常见的数学概念	M1.1.4 会区分物体的粗细、厚薄、轻重、宽窄	M1.1.4.4 能说出或指出不同类物品的厚薄	说出或指出不同类物品的厚薄	厚薄不一样的不同类物品（如厚的书本、薄的作业本等）	1.观察法。教师及主要照顾者对学生的课堂及日常进行观察。2.测验法。评估者向评估对象出示两种厚薄不一样的物品，请评估对象说出或指出哪个厚，哪个薄	评估者说："请你说一说或指一指哪个厚，哪个薄。"	0分：不需要任何辅助即可说出或指出不同类物品的厚薄，且用时较短、质量较好；1分：不需要任何辅助即可说出或指出不同类物品的厚薄，但用时较长或质量一般；2分：仅需要提示或示范中的一种辅助即可说出或指出不同类物品的厚薄；3分：需要身体辅助方可指出不同类物品的厚薄；4分：在身体辅助下也不能指出不同类物品的厚薄，或无法配合完成评估		
			M1.1.4.5 能说出或指出同类物品的轻重	说出或指出同类物品的轻重	除重量不一样，其他特征相同的物品（如重量不一样的矿泉水2瓶）	1.观察法。教师及主要照顾者对学生的课堂及日常进行观察。2.测验法。评估者向评估对象出示2瓶重量不一样的矿泉水，请评估对象说出或指出哪瓶矿泉水轻，哪瓶矿泉水重	评估者说："请你说一说或指一指哪瓶矿泉水轻，哪瓶矿泉水重。"	0分：不需要任何辅助即可说出或指出同类物品的轻重，且用时较短、质量较好；1分：不需要任何辅助即可说出或指出同类物品的轻重，但用时较长或质量一般；2分：仅需要提示或示范中的一种辅助即可说出或指出同类物品的轻重；3分：需要身体辅助方可指出同类物品的轻重；4分：在身体辅助下也不能指出同类物品的轻重，或无法配合完成评估		

续表

Ⅰ级目标	Ⅱ级目标	Ⅲ级目标	Ⅳ级目标	评估项目	评估材料	评估方法	评估指导语	评估标准	评估结果	备注
M1 数学概念	M1.1 常见的数学概念	M1.1.4 会区分物体的粗细、厚薄、轻重、宽窄	M1.1.4.6 能说出或指出不同类物品的轻重	说出或指出不同类物品的轻重	重量不一样的不同类物品（如矿泉水、铅笔等）	1.观察法。教师及主要照顾者对学生的课堂及日常进行观察。 2.测验法。评估者向评估对象出示两种重量不一样的物品，请评估对象说出或指出哪个轻，哪个重	评估者说："请你说一说或指一指哪个轻，哪个重。"	0分：不需要任何辅助即可说出或指出不同类物品的轻重，且用时较短、质量较好； 1分：不需要任何辅助即可说出或指出不同类物品的轻重，但用时较长或质量一般； 2分：仅需要提示或示范中的一种辅助即可说出或指出不同类物品的轻重； 3分：需要身体辅助方可指出不同类物品的轻重； 4分：在身体辅助下也不能指出不同类物品的轻重，或无法配合完成评估		
			M1.1.4.7 能说出或指出同类物品的宽窄	说出或指出同类物品的宽窄	除宽度不一样，其他特征相同的物品（如宽度不一样的纸张2张）	1.观察法。教师及主要照顾者对学生的课堂及日常进行观察。 2.测验法。评估者向评估对象出示2张宽度不一样的纸张，请评估对象说出或指出哪张纸宽，哪张纸窄	评估者说："请你说一说或指一指哪张纸宽，哪张纸窄。"	0分：不需要任何辅助即可说出或指出同类物品的宽窄，且用时较短、质量较好； 1分：不需要任何辅助即可说出或指出同类物品的宽窄，但用时较长或质量一般； 2分：仅需要提示或示范中的一种辅助即可说出或指出同类物品的宽窄； 3分：需要身体辅助方可指出同类物品的宽窄； 4分：在身体辅助下也不能指出同类物品的宽窄，或无法配合完成评估		

续表

I级目标	II级目标	III级目标	IV级目标	评估项目	评估材料	评估方法	评估指导语	评估标准	评估结果	备注
M1 数学概念	M1.1 常见的数学概念	M1.1.4 会区分物体的粗细、厚薄、轻重、宽窄	M1.1.4.8 能说出或指出不同类物品的宽窄	说出或指出不同类物品的宽窄	宽度不一样的不同类物品（如纸条、书本等）	1.观察法。教师及主要照顾者对学生的课堂及日常进行观察。2.测验法。评估者向评估对象出示两种宽度不一样的物品，请评估对象说出或指出哪个宽，哪个窄	评估者说："请你说一说或指一指哪个宽，哪个窄。"	0分：不需要任何辅助即可说出或指出不同类物品的宽窄，且用时较短、质量较好；1分：不需要任何辅助即可说出或指出不同类物品的宽窄，但用时较长或质量一般；2分：仅需要提示或示范中的一种辅助即可说出或指出不同类物品的宽窄；3分：需要身体辅助可指出不同类物品的宽窄；4分：在身体辅助下也不能指出不同类物品的宽窄，或无法配合完成评估		
	M1.2 金钱概念	M1.2.1 能认识元（1元、5元、10元）	M1.2.1.1 能说出或指出1元纸币	说出或指出1元纸币	1元、5元、10元纸币各一张	1.观察法。教师及主要照顾者对学生的课堂及日常进行观察。2.测验法。评估者向评估对象出示1元纸币，请评估对象说出这是几元。/评估者向评估对象出示1元、5元、10元纸币各一张，请评估对象指出1元	评估者问："这是几元？"/评估者说："请你指出1元。"	0分：不需要任何辅助即可说出或指出1元纸币，且用时较短、质量较好；1分：不需要任何辅助即可说出或指出1元纸币，但用时较长或质量一般；2分：仅需要提示或示范中的一种辅助即可说出或指出1元纸币；3分：需要身体辅助方可指出1元纸币；4分：在身体辅助下也不能指出1元纸币，或无法配合完成评估		

续表

Ⅰ级目标	Ⅱ级目标	Ⅲ级目标	Ⅳ级目标	评估项目	评估材料	评估方法	评估指导语	评估标准	评估结果	备注
M1 数学概念	M1.2 金钱概念	M1.2.1 能认识元（1元、5元、10元）	M1.2.1.2 能说出或指出1元硬币	说出或指出1元硬币	1元、5角、1角硬币各一枚	1.观察法。教师及主要照顾者对学生的课堂及日常进行观察。 2.测验法。评估者向评估对象出示1元硬币，请评估对象说出这是几元。/评估者向评估对象出示1元、5角、1角硬币各一枚，请评估对象指出1元	评估者问："这是几元?"/评估者说："请你指出1元。"	**0分**：不需要任何辅助即可说出或指出1元硬币，且用时较短、质量较好； **1分**：不需要任何辅助即可说出或指出1元硬币，但用时较长或质量一般； **2分**：仅需要提示或示范中的一种辅助即可说出或指出1元硬币； **3分**：需要身体辅助方可指出1元硬币； **4分**：在身体辅助下也不能指出1元硬币，或无法配合完成评估		
			M1.2.1.3 能说出或指出5元	说出或指出5元	1元、5元、10元各一张	1.观察法。教师及主要照顾者对学生的课堂及日常进行观察。 2.测验法。评估者向评估对象出示5元，请评估对象说出这是几元。/评估者向评估对象出示1元、5元、10元各一张，请评估对象指出5元	评估者问："这是几元?"/评估者说："请你指出5元。"	**0分**：不需要任何辅助即可说出或指出5元，且用时较短、质量较好； **1分**：不需要任何辅助即可说出或指出5元，但用时较长或质量一般； **2分**：仅需要提示或示范中的一种辅助即可说出或指出5元； **3分**：需要身体辅助方可指出5元； **4分**：在身体辅助下也不能指出5元，或无法配合完成评估		

续表

I级目标	II级目标	III级目标	IV级目标	评估项目	评估材料	评估方法	评估指导语	评估标准	评估结果	备注
M1 数学概念	M1.2 金钱概念	M1.2.1 能认识元（1元、5元、10元）	M1.2.1.4 能说出或指出10元	说出或指出10元	1元、5元、10元各一张	1.观察法。教师及主要照顾者对学生的课堂及日常进行观察。2.测验法。评估者向评估对象出示10元，请评估对象说出这是几元。/评估者向评估对象出示1元、5元、10元各一张，请评估对象指出10元	评估者问："这是几元？"/评估者说："请你指出10元。"	0分：不需要任何辅助即可说出或指出10元，且用时较短、质量较好；1分：不需要任何辅助即可说出或指出10元，但用时较长或质量一般；2分：仅需要提示或示范中的一种辅助即可说出或指出10元；3分：需要身体辅助方可指出10元；4分：在身体辅助下也不能指出10元，或无法配合完成评估		
		M1.2.2 能进行1元、5元、10元之间的换算	M1.2.2.1 能够进行1元与5元之间的换算	进行1元与5元之间的换算（如五张1元能够换成一张5元、一张5元能够换成五张1元）	六张1元、两张5元	1.观察法。教师及主要照顾者对学生的课堂及日常进行观察。2.测验法。评估者向评估对象出示六张1元和两张5元，请评估对象进行1元与5元之间的换算	评估者说："一张5元可以换成几张1元？请你拿一拿。/五张1元可以换成几张5元？请你拿一拿。"	0分：不需要任何辅助即可进行1元与5元之间的换算，且用时较短、质量较好；1分：不需要任何辅助即可进行1元与5元之间的换算，但用时较长或质量一般；2分：仅需要提示或示范中的一种辅助即可进行1元与5元之间的换算；3分：需要身体辅助方可进行1元与5元之间的换算；4分：在身体辅助下也不能进行1元与5元之间的换算，或无法配合完成评估		

续表

Ⅰ级目标	Ⅱ级目标	Ⅲ级目标	Ⅳ级目标	评估项目	评估材料	评估方法	评估指导语	评估标准	评估结果	备注
M1 数学概念	M1.2 金钱概念	M1.2.2 能进行1元、5元、10元之间的换算	M1.2.2.2 能够进行1元与10元之间的换算（如十张1元能够换成一张10元、一张10元能够换成十张1元）	进行1元与10元之间的换算	十二张1元、两张10元	1.观察法。教师及主要照顾者对学生的课堂及日常进行观察。2.测验法。评估者向评估对象出示十二张1元和两张10元，请评估对象进行1元与10元之间的换算	评估者说："一张10元可以换成几张1元？请你拿一拿。/十张1元可以换成几张10元？请你拿一拿。"	0分：不需要任何辅助即可进行1元与10元之间的换算，且用时较短、质量较好；1分：不需要任何辅助即可进行1元与10元之间的换算，但用时较长或质量一般；2分：仅需要提示或示范中的一种辅助即可进行1元与10元之间的换算；3分：需要身体辅助方可进行1元与10元之间的换算；4分：在身体辅助下也不能进行1元与10元之间的换算，或无法配合完成评估		
			M1.2.2.3 能够进行5元与10元之间的换算（如两张5元能够换成一张10元、一张10元能够换成两张5元）	进行5元与10元之间的换算	三张5元、两张10元	1.观察法。教师及主要照顾者对学生的课堂及日常进行观察。2.测验法。评估者向评估对象出示三张5元和两张10元,请评估对象进行5元与10元之间的换算	评估者说："一张10元可以换成几张5元？请你拿一拿。/两张5元可以换成几张10元？请你拿一拿。"	0分：不需要任何辅助即可进行5元与10元之间的换算，且用时较短、质量较好；1分：不需要任何辅助即可进行5元与10元之间的换算，但用时较长或质量一般；2分：仅需要提示或示范中的一种辅助即可进行5元与10元之间的换算；3分：需要身体辅助方可进行5元与10元之间的换算；4分：在身体辅助下也不能进行5元与10元之间的换算，或无法配合完成评估		

续表

I 级目标	II 级目标	III 级目标	IV 级目标	评估项目	评估材料	评估方法	评估指导语	评估标准	评估结果	备注
M1 数学概念	M1.3 时间概念	M1.3.1 能在现实情境中认识早晨、中午和晚上，认识上午、下午	M1.3.1.1 能在现实情境中认识早晨、中午和晚上	在现实情境中认识早晨、中午和晚上	无	1.观察法。教师及主要照顾者对学生的课堂及日常进行观察。2.访谈法。访谈教师或主要照顾者	评估者问："××在任何时候都能分清早晨、中午和晚上吗？"	0分：总是能认识早晨、中午和晚上；1分：大部分时候能认识早晨、中午和晚上；2分：有时能认识早晨、中午和晚上，有时不能；3分：很少能认识早晨、中午和晚上；4分：几乎不能认识早晨、中午和晚上		
		M1.3.1 能在现实情境中认识早晨、中午和晚上，认识上午、下午	M1.3.1.2 能在现实情境中认识上午、下午	在现实情境中认识上午、下午	无	1.观察法。教师及主要照顾者对学生的课堂及日常进行观察。2.访谈法。访谈教师或主要照顾者	评估者问："××在任何时候都能分清上午和下午吗？"	0分：总是能认识上午、下午；1分：大部分时候能认识上午、下午；2分：有时能认识上午、下午，有时不能；3分：很少能认识上午、下午；4分：几乎不能认识上午、下午		

续表

Ⅰ级目标	Ⅱ级目标	Ⅲ级目标	Ⅳ级目标	评估项目	评估材料	评估方法	评估指导语	评估标准	评估结果	备注
M2 数与运算	M2.1 数的认识	M2.1.1 理解10以内数的含义，能数、认、读、写，强调手口一致地点数10以内的物品	M2.1.1.1 能进行10以内数的唱数	进行10以内数的唱数	无	1.观察法。教师及主要照顾者对学生的课堂及日常进行观察。2.测验法。评估者请评估对象唱数1到10	评估者说："请你从1数到10。"	0分：不需要任何辅助即可进行10以内数的唱数，且用时较短、质量较好；1分：不需要任何辅助即可进行10以内数的唱数，但用时较长或质量一般；2分：仅需要语言提示即可进行10以内数的唱数；3分：需要语言示范方可进行10以内数的唱数；4分：在语言示范下也不能进行10以内数的唱数，或无法配合完成评估		
			M2.1.1.2 能说出或指出10以内的数	说出或指出10以内的数	1～10的数字卡片	1.观察法。教师及主要照顾者对学生的课堂及日常进行观察。2.测验法。评估者向评估对象出示数字卡片，请评估对象说出或指认相应的数字	评估者问："这是几？"/评估者说："请你指出×。"	0分：不需要任何辅助即可说出或指出10以内的数，且用时较短、质量较好；1分：不需要任何辅助即可说出或指出10以内的数，但用时较长或质量一般；2分：仅需要提示或示范中的一种辅助即可说出或指出10以内的数；3分：需要身体辅助方可指出10以内的数；4分：在身体辅助下也不能指出10以内的数，或无法配合完成评估		

续表

Ⅰ级目标	Ⅱ级目标	Ⅲ级目标	Ⅳ级目标	评估项目	评估材料	评估方法	评估指导语	评估标准	评估结果	备注
M2 数与运算	M2.1 数的认识	M2.1.1 理解10以内数的含义，能数、认、读、写，强调手口一致地点数10以内的物品	M2.1.1.3 能读10以内的数	读10以内的数	1～10的数字卡片	1.观察法。教师及主要照顾者对学生的课堂及日常进行观察。2.测验法。评估者向评估对象出示数字卡片，请评估对象读出这个数字	评估者说："请你读一读。"	0分：不需要任何辅助即可读出10以内的数，且用时较短、质量较好；1分：不需要任何辅助即可读出10以内的数，但用时较长或质量一般；2分：仅需要语言提示即可读出10以内的数；3分：需要语言示范方可读出10以内的数；4分：在语言示范下也不能读出10以内的数，或无法配合完成评估		
			M2.1.1.4 能点数10个以内的物品	点数10个以内的物品	1～10个任意物品	1.观察法。教师及主要照顾者对学生的课堂及日常进行观察。2.测验法。评估者拿出需要点数的物品，让评估对象一边点数一边读出数量	评估者说："请你数一数这里有多少个物品。"	0分：不需要任何辅助即可点数10个以内的物品，且用时较短、质量较好；1分：不需要任何辅助即可点数10个以内的物品，但用时较长或质量一般；2分：仅需要提示或示范中的一种辅助即可点数10个以内的物品；3分：需要身体辅助方可点数10个以内的物品；4分：在身体辅助下也不能点数10个以内的物品，或无法配合完成评估		

续表

Ⅰ级目标	Ⅱ级目标	Ⅲ级目标	Ⅳ级目标	评估项目	评估材料	评估方法	评估指导语	评估标准	评估结果	备注
M2 数与运算	M2.1 数的认识	M2.1.1 理解10以内数的含义，能数、认、读、写，强调手口一致地点数10以内的物品	M2.1.1.5 能写10以内的数字	写10以内的数字	练习纸、铅笔	1.观察法。教师及主要照顾者对学生的课堂及日常进行观察。2.测验法。评估者出示练习纸、铅笔，让评估对象写数字	评估者说："请你写1～10的数字。"	0分：不需要任何辅助即可写10以内的数字，且用时较短、质量较好；1分：不需要任何辅助即可写10以内的数字，但用时较长或质量一般；2分：仅需要提示或示范中的一种辅助即可写10以内的数字；3分：需要身体辅助方可写10以内的数字；4分：在身体辅助下也不能写10以内的数字，或无法配合完成评估		
			M2.1.1.6 能对应10以内的数字与数量	对应10以内的数字与数量	若干雪花片、1～10的数字卡片	1.观察法。教师及主要照顾者对学生的课堂及日常进行观察。2.测验法。评估者出示雪花片，请评估对象数一数并拿出对应的数字卡片。/评估者出示数字卡片，请评估对象拿出对应数量的雪花片	评估者说："请你数一数雪花片有几片，并拿对应的数字卡片给我。/请你看一看这是×，并拿×片雪花片给我。"	0分：不需要任何辅助即可对应10以内的数字与数量，且用时较短、质量较好；1分：不需要任何辅助即可对应10以内的数字与数量，但用时较长或质量一般；2分：仅需要提示或示范中的一种辅助即可对应10以内的数字与数量；3分：需要身体辅助方可对应10以内的数字与数量；4分：在身体辅助下也不能对应10以内的数字与数量，或无法配合完成评估		

续表

Ⅰ级目标	Ⅱ级目标	Ⅲ级目标	Ⅳ级目标	评估项目	评估材料	评估方法	评估指导语	评估标准	评估结果	备注
M2 数与运算	M2.1 数的认识	M2.1.1 理解10以内数的含义，能数、认、读、写，强调手口一致地点数10以内的物品	M2.1.1.7 能排序10以内的数	排序10以内的数	1～10的数字卡片	1.观察法。教师及主要照顾者对学生的课堂及日常进行观察。 2.测验法。评估者拿出1～10的数字卡片，请评估对象按照从小（大）到大（小）的顺序排列	评估者说："请你按照从小（大）到大（小）的顺序排列。"	**0分**：不需要任何辅助即可排序10以内的数，且用时较短、质量较好； **1分**：不需要任何辅助即可排序10以内的数，但用时较长或质量一般； **2分**：仅需要提示或示范中的一种辅助即可排序10以内的数； **3分**：需要身体辅助方可排序10以内的数； **4分**：在身体辅助下也不能排序10以内的数，或无法配合完成评估		
			M2.1.1.8 能说出或指出10以内物品的序数	说出或指出10以内物品的序数（如说出或指出10以内第几的位置）	数片雪花片（如6片黄色的雪花片、1片红色的雪花片、1片蓝色的雪花片等）、1～10的数字卡片	1.观察法。教师及主要照顾者对学生的课堂及日常进行观察。 2.测验法。评估者拿出8片雪花片一一摆好，让评估对象在8片雪花片中说出红色的雪花片排在第几或指出红色雪花片对应序数的数字卡片	评估者说："请说出红色的雪花片排在第几。/红色的雪花片排在第几？请指出对应的数字。"	**0分**：不需要任何辅助即可说出或指出10以内物品的序数，且用时较短、质量较好； **1分**：不需要任何辅助即可说出或指出10以内物品的序数，但用时较长或质量一般； **2分**：仅需要提示或示范中的一种辅助即可说出或指出10以内物品的序数； **3分**：需要身体辅助方可指出10以内物品的序数； **4分**：在身体辅助下也不能指出10以内物品的序数，或无法配合完成评估		

续表

Ⅰ级目标	Ⅱ级目标	Ⅲ级目标	Ⅳ级目标	评估项目	评估材料	评估方法	评估指导语	评估标准	评估结果	备注
M2 数与运算	M2.1 数的认识	M2.1.2 能了解10以内数的分与合	M2.1.2.1 能做10以内数的合成	做10以内数的合成（如1和2可以合成3、3和6可以合成9）	1～10的数字卡片	1.观察法。教师及主要照顾者对学生的课堂及日常进行观察。2.测验法。评估者拿出1和2的数字卡片，让评估对象找出1和2可以合成的数字3	评估者说："1和2可以合成数字几？请你说一说或指一指对应的卡片。"	0分：不需要任何辅助即可做10以内数的合成，且用时较短、质量较好；1分：不需要任何辅助即可做10以内数的合成，但用时较长或质量一般；2分：仅需要提示或示范中的一种辅助即可做10以内数的合成；3分：需要身体辅助方可做10以内数的合成；4分：在身体辅助下也不能做10以内数的合成，或无法配合完成评估		
			M2.1.2.2 能做10以内数的分成	做10以内数的分成（如5可以分成2和3、8可以分成2和6）	1～10的数字卡片	1.观察法。教师及主要照顾者对学生的课堂及日常进行观察。2.测验法。评估者拿出5的数字卡片，让评估对象说出或找出5可以分成数字几和数字几	评估者说："5可以分成数字几和数字几？请你说一说或指一指对应的卡片。"	0分：不需要任何辅助即可做10以内数的分成，且用时较短、质量较好；1分：不需要任何辅助即可做10以内数的分成，但用时较长或质量一般；2分：仅需要提示或示范中的一种辅助即可做10以内数的分成；3分：需要身体辅助方可做10以内数的分成；4分：在身体辅助下也不能做10以内数的分成，或无法配合完成评估		

续表

Ⅰ级目标	Ⅱ级目标	Ⅲ级目标	Ⅳ级目标	评估项目	评估材料	评估方法	评估指导语	评估标准	评估结果	备注
M2 数与运算	M2.1 数的认识	M2.1.3 能比较10以内数的大小	M2.1.3.1 能比较10以内数的大小	比较10以内数的大小	1～10的数字卡片	1.观察法。教师及主要照顾者对学生的课堂及日常进行观察。 2.测验法。评估者向评估对象出示2张数字卡片，请评估对象说一说×大于×/×小于×/×等于×	评估者说："请你说一说或指一指哪个数大于/小于/等于哪个数。"	0分：不需要任何辅助即可比较10以内数的大小，且用时较短、质量较好； 1分：不需要任何辅助即可比较10以内数的大小，但用时较长或质量一般； 2分：仅需要提示或示范中的一种辅助即可比较10以内数的大小； 3分：需要身体辅助方可比较10以内数的大小； 4分：在身体辅助下也不能比较10以内数的大小，或无法配合完成评估		
	M2.2 数的运算	M2.2.1 理解"加"和"减"的实际意义	M2.2.1.1 能在现实情境中理解"加"的实际意义（如3片雪花片和7片雪花片合起来就是"加"）	在现实情境中理解"加"的实际意义	10片雪花片	1.观察法。教师及主要照顾者对学生的课堂及日常进行观察。 2.测验法。评估者拿出3片雪花片放在左边，7片雪花片放在右边，让评估对象说出把这些雪花片合起来是"加"还是"减"	评估者问："3片雪花片和7片雪花片合起来是'加'还是'减'？"	0分：不需要任何辅助即可在现实情境中理解"加"的实际意义，且用时较短、质量较好； 1分：不需要任何辅助即可在现实情境中理解"加"的实际意义，但用时较长或质量一般； 2分：仅需要提示或示范中的一种辅助即可在现实情境中理解"加"的实际意义； 3分：需要身体辅助方可在现实情境中理解"加"的实际意义； 4分：在身体辅助下也不能在现实情境中理解"加"的实际意义，或无法配合完成评估		

续表

Ⅰ级目标	Ⅱ级目标	Ⅲ级目标	Ⅳ级目标	评估项目	评估材料	评估方法	评估指导语	评估标准	评估结果	备注
M2 数与运算	M2.2 数的运算	M2.2.1 理解"加"和"减"的实际意义	M2.2.1.2 能在现实情境中理解"减"的实际意义（如从10片雪花片中拿走3片雪花片就是"减"）	在现实情境中理解"减"的实际意义	10片雪花片	1.观察法。教师及主要照顾者对学生的课堂及日常进行观察。2.测验法。评估者拿出10片雪花片，然后从中拿走3片，让评估对象说出从10片雪花片中拿走3片是"减"还是"加"	评估者问："从10片雪花片中拿走3片是'减'还是'加'？"	**0分**：不需要任何辅助即可在现实情境中理解"减"的实际意义，且用时较短、质量较好；**1分**：不需要任何辅助即可在现实情境中理解"减"的实际意义，但用时较长或质量一般；**2分**：仅需要提示或示范中的一种辅助即可在现实情境中理解"减"的实际意义；**3分**：需要身体辅助方可在现实情境中理解"减"的实际意义；**4分**：在身体辅助下也不能在现实情境中理解"减"的实际意义，或无法配合完成评估		
		M2.2.2 认识"＋""－""＝"三种符号	M2.2.2.1 能说出或指出"＋"号	说出或指出"＋"号	"＋""－""＝"三种符号的卡片	1.观察法。教师及主要照顾者对学生的课堂及日常进行观察。2.测验法。评估者拿出"＋"号的卡片，请评估对象说出这是什么符号。/评估者拿出"＋""－""＝"三种符号的卡片，请评估对象指出"＋"号	评估者问："这是什么符号？"/评估者说："请你指出'＋'号。"	**0分**：不需要任何辅助即可说出或指出"＋"号，且用时较短、质量较好；**1分**：不需要任何辅助即可说出或指出"＋"号，但用时较长或质量一般；**2分**：仅需要提示或示范中的一种辅助即可说出或指出"＋"号；**3分**：需要身体辅助方可指出"＋"号；**4分**：在身体辅助下也不能指出"＋"号，或无法配合完成评估		

续表

Ⅰ级目标	Ⅱ级目标	Ⅲ级目标	Ⅳ级目标	评估项目	评估材料	评估方法	评估指导语	评估标准	评估结果	备注
M2 数与运算	M2.2 数的运算	M2.2.2 认识"+""－""="三种符号	M2.2.2.2 能说出或指出"－"号	说出或指出"－"号	"+""－""="三种符号的卡片	1.观察法。教师及主要照顾者对学生的课堂及日常进行观察。 2.测验法。评估者拿出"－"号的卡片，请评估对象说出这是什么符号。/评估者拿出"+""－""="三种符号的卡片，请评估对象指出"－"号	评估者问："这是什么符号？"/评估者说："请你指出'－'号。"	0分：不需要任何辅助即可说出或指出"－"号，且用时较短、质量较好； 1分：不需要任何辅助即可说出或指出"－"号，但用时较长或质量一般； 2分：仅需要提示或示范中的一种辅助即可说出或指出"－"号； 3分：需要身体辅助方可指出"－"号； 4分：在身体辅助下也不能指出"－"号，或无法配合完成评估		

续表

Ⅰ级目标	Ⅱ级目标	Ⅲ级目标	Ⅳ级目标	评估项目	评估材料	评估方法	评估指导语	评估标准	评估结果	备注
M2 数与运算	M2.2 数的运算	M2.2.2 认识"＋""－""＝"三种符号	M2.2.2.3 能说出或指出"＝"号	说出或指出"＝"号	"＋""－""＝"三种符号的卡片	1.观察法。教师及主要照顾者对学生的课堂及日常进行观察。2.测验法。评估者拿出"＝"号的卡片，请评估对象说出这是什么符号。/评估者拿出"＋""－""＝"三种符号的卡片，请评估对象指出"＝"号	评估者问："这是什么符号？"/评估者说："请你指出'＝'号。"	0分：不需要任何辅助即可说出或指出"＝"号，且用时较短、质量较好；1分：不需要任何辅助即可说出或指出"＝"号，但用时较长或质量一般；2分：仅需要提示或示范中的一种辅助即可说出或指出"＝"号；3分：需要身体辅助方可指出"＝"号；4分：在身体辅助下也不能指出"＝"号，或无法配合完成评估		
		M2.2.3 能口算和笔算10以内的加法、减法和加减混合运算	M2.2.3.1 能口算10以内的加法	口算10以内的加法	10以内的加法算式（例：1+1=，2+3=，4+5=）、1～10的数字卡片	1.观察法。教师及主要照顾者对学生的课堂及日常进行观察。2.测验法。评估者依次出示加法算式，让评估对象说出或指出答案	评估者问："1加1等于几？/2加3等于几？/4加5等于几？"	0分：能口算全部10以内的加法，且用时较短、质量较好；1分：能口算全部10以内的加法，但用时较长或质量一般；2分：能口算大部分10以内的加法；3分：能口算小部分10以内的加法；4分：不能口算10以内的加法		

续表

Ⅰ级目标	Ⅱ级目标	Ⅲ级目标	Ⅳ级目标	评估项目	评估材料	评估方法	评估指导语	评估标准	评估结果	备注
M2 数与运算	M2.2 数的运算	M2.2.3 能口算和笔算10以内的加法、减法和加减混合运算	M2.2.3.2 能口算10以内的减法	口算10以内的减法	10以内的减法算式（例：2−1＝，6−4＝，9−6＝）、1～10的数字卡片	1.观察法。教师及主要照顾者对学生的课堂及日常进行观察。2.测验法。评估者依次出示减法算式，让评估对象说出或指出答案	评估者问："2减1等于几？/6减4等于几？/9减6等于几？"	0分：能口算全部10以内的减法，且用时较短、质量较好；1分：能口算全部10以内的减法，但用时较长或质量一般；2分：能口算大部分10以内的减法；3分：能口算小部分10以内的减法；4分：不能口算10以内的减法		
			M2.2.3.3 能口算10以内的加减混合运算	口算10以内的加减混合运算	10以内的加减混合运算题（例：3＋1−2＝，9−4＋2＝）、1～10的数字卡片	1.观察法。教师及主要照顾者对学生的课堂及日常进行观察。2.测验法。评估者依次出示加减混合运算题，让评估对象说出或指出答案	评估者问："3加1减2等于几?/9减4加2等于几？"	0分：能口算全部10以内的加减混合运算，且用时较短、质量较好；1分：能口算全部10以内的加减混合运算，但用时较长或质量一般；2分：能口算大部分10以内的加减混合运算；3分：能口算小部分10以内的加减混合运算；4分：不能口算10以内的加减混合运算		

续表

Ⅰ级目标	Ⅱ级目标	Ⅲ级目标	Ⅳ级目标	评估项目	评估材料	评估方法	评估指导语	评估标准	评估结果	备注
M2 数与运算	M2.2 数的运算	M2.2.3 能口算和笔算10以内的加法、减法和加减混合运算	M2.2.3.4 能笔算10以内的加法	笔算10以内的加法	10以内的加法算式（例：1+2＝，3+3＝，4+5＝）、草稿纸、笔	1.观察法。教师及主要照顾者对学生的课堂及日常进行观察。2.测验法。评估者依次出示加法算式，让评估对象笔算出答案	评估者说："1加2等于几？/3加3等于几？/4加5等于几？请你用笔算一算，并写出答案。"	0分：不需要任何辅助即可笔算10以内的加法，且用时较短、质量较好；1分：不需要任何辅助即可笔算10以内的加法，但用时较长或质量一般；2分：仅需要提示或示范中的一种辅助即可笔算10以内的加法；3分：需要身体辅助方可笔算10以内的加法；4分：在身体辅助下也不能笔算10以内的加法，或无法配合完成评估		
			M2.2.3.5 能笔算10以内的减法	笔算10以内的减法	10以内的减法算式（例：3−2＝，6−3＝，9−4＝）、草稿纸、笔	1.观察法。教师及主要照顾者对学生的课堂及日常进行观察。2.测验法。评估者依次出示减法算式，让评估对象笔算出答案	评估者说："3减2等于几？/6减3等于几？/9减4等于几？请你用笔算一算，并写出答案。"	0分：不需要任何辅助即可笔算10以内的减法，且用时较短、质量较好；1分：不需要任何辅助即可笔算10以内的减法，但用时较长或质量一般；2分：仅需要提示或示范中的一种辅助即可笔算10以内的减法；3分：需要身体辅助方可笔算10以内的减法；4分：在身体辅助下也不能笔算10以内的减法，或无法配合完成评估		

续表

Ⅰ级目标	Ⅱ级目标	Ⅲ级目标	Ⅳ级目标	评估项目	评估材料	评估方法	评估指导语	评估标准	评估结果	备注
M2 数与运算	M2.2 数的运算	M2.2.3 能口算和笔算10以内的加法、减法和加减混合运算	M2.2.3.6 能笔算10以内的加减混合运算	笔算10以内的加减混合运算	10以内的加减混合运算题（例：4＋5－3＝ ）、草稿纸、笔	1.观察法。教师及主要照顾者对学生的课堂及日常进行观察。2.测验法。评估者出示加减混合运算题，让评估对象笔算出答案	评估者说："4加5减3等于几？请你用笔算一算，并写出答案。"	0分：不需要任何辅助即可笔算10以内的加减混合运算，且用时较短、质量较好；1分：不需要任何辅助即可笔算10以内的加减混合运算，但用时较长或质量一般；2分：仅需要提示或示范中的一种辅助即可笔算10以内的加减混合运算；3分：需要身体辅助方可笔算10以内的加减混合运算；4分：在身体辅助下也不能笔算10以内的加减混合运算，或无法配合完成评估		
		M2.2.4 能用10以内的加减法解决生活中的简单问题	M2.2.4.1 能用10以内的加法解决生活中的简单问题	用10以内的加法解决生活中的简单问题（如妈妈买了4个苹果，爸爸买了3个苹果，他们一共买了多少个苹果？）	题卡：妈妈买了4个苹果，爸爸买了3个苹果，他们一共买了多少个苹果？	1.观察法。教师及主要照顾者对学生的课堂及日常进行观察。2.测验法。评估者出示题卡，读题卡内容，让评估对象算一算	评估者说："请你认真听并算一算。"	0分：不需要任何辅助即可用10以内的加法解决生活中的简单问题，且用时较短、质量较好；1分：不需要任何辅助即可用10以内的加法解决生活中的简单问题，但用时较长或质量一般；2分：仅需要提示或示范中的一种辅助即可用10以内的加法解决生活中的简单问题；3分：需要身体辅助方可用10以内的加法解决生活中的简单问题；4分：在身体辅助下也不能用10以内的加法解决生活中的简单问题，或无法配合完成评估		

续表

Ⅰ级目标	Ⅱ级目标	Ⅲ级目标	Ⅳ级目标	评估项目	评估材料	评估方法	评估指导语	评估标准	评估结果	备注
M2 数与运算	M2.2 数的运算	M2.2.4 能用10以内的加减法解决生活中的简单问题	M2.2.4.2 能用10以内的减法解决生活中的简单问题	用10以内的减法解决生活中的简单问题（如盒子里有8瓶水，爸爸拿走了3瓶，还剩下多少瓶？）	题卡：盒子里有8瓶水，爸爸拿走了3瓶，还剩下多少瓶？	1.观察法。教师及主要照顾者对学生的课堂及日常进行观察。 2.测验法。评估者出示题卡，读题卡内容，让评估对象算一算	评估者说："请你认真听并算一算。"	0分：不需要任何辅助即可用10以内的减法解决生活中的简单问题，且用时较短、质量较好； 1分：不需要任何辅助即可用10以内的减法解决生活中的简单问题，但用时较长或质量一般； 2分：仅需要提示或示范中的一种辅助即可用10以内的减法解决生活中的简单问题； 3分：需要身体辅助方可用10以内的减法解决生活中的简单问题； 4分：在身体辅助下也不能用10以内的减法解决生活中的简单问题，或无法配合完成评估		
M3 图形与几何	M3.1 图形的认识	M3.1.1 能通过实物、模型，初步认识生活中的球体	M3.1.1.1 能说出或指出球体实物	说出或指出球体实物	若干实物（如乒乓球、盒子、正方体积木等）	1.观察法。教师及主要照顾者对学生的课堂及日常进行观察。 2.测验法。评估者向评估对象出示乒乓球，请评估对象说出这是什么形状。/评估者向评估对象出示乒乓球、盒子、正方体积木，请评估对象指出球体	评估者问："这是什么形状？"/评估者说："指一指球体。"	0分：不需要任何辅助即可说出或指出球体实物，且用时较短、质量较好； 1分：不需要任何辅助即可说出或指出球体实物，但用时较长或质量一般； 2分：仅需要提示或示范中的一种辅助即可说出或指出球体实物； 3分：需要身体辅助方可指出球体实物； 4分：在身体辅助下也不能指出球体实物，或无法配合完成评估		

续表

Ⅰ级目标	Ⅱ级目标	Ⅲ级目标	Ⅳ级目标	评估项目	评估材料	评估方法	评估指导语	评估标准	评估结果	备注
M3 图形与几何	M3.1 图形的认识	M3.1.1 能通过实物、模型,初步认识生活中的球体	M3.1.1.2 能说出或指出球体模型	说出或指出球体模型	若干模型（如正方体、圆柱体、球体等）	1.观察法。教师及主要照顾者对学生的课堂及日常进行观察。 2.测验法。评估者向评估对象出示球体模型,请评估对象说出这是什么形状。/评估者向评估对象出示正方体、圆柱体、球体模型,请评估对象指出球体	评估者问："这是什么形状?" / 评估者说："指一指球体。"	0分：不需要任何辅助即可说出或指出球体模型,且用时较短、质量较好; 1分：不需要任何辅助即可说出或指出球体模型,但用时较长或质量一般; 2分：仅需要提示或示范中的一种辅助即可说出或指出球体模型; 3分：需要身体辅助方可指出球体模型; 4分：在身体辅助下也不能指出球体模型,或无法配合完成评估		

续表

Ⅰ级目标	Ⅱ级目标	Ⅲ级目标	Ⅳ级目标	评估项目	评估材料	评估方法	评估指导语	评估标准	评估结果	备注
M3 图形与几何	M3.1 图形的认识	M3.1.2 能通过实物、模型,初步认识长方形、正方形、三角形、圆形等简单的平面图形	M3.1.2.1 能说出或指出长方形实物	说出或指出长方形实物	若干实物（如长方形尺子、正方形卡片、三角板、小圆镜等）	1.观察法。教师及主要照顾者对学生的课堂及日常进行观察。 2.测验法。评估者向评估对象出示长方形尺子，请评估对象说出这是什么形状。/评估者向评估对象出示长方形尺子、正方形卡片、三角板、小圆镜，请评估对象指出长方形	评估者问："这是什么形状?"/评估者说："指一指长方形。"	0分：不需要任何辅助即可说出或指出长方形实物，且用时较短、质量较好； 1分：不需要任何辅助即可说出或指出长方形实物，但用时较长或质量一般； 2分：仅需要提示或示范中的一种辅助即可说出或指出长方形实物； 3分：需要身体辅助方可指出长方形实物； 4分：在身体辅助下也不能指出长方形实物，或无法配合完成评估		

续表

I级目标	II级目标	III级目标	IV级目标	评估项目	评估材料	评估方法	评估指导语	评估标准	评估结果	备注
M3 图形与几何	M3.1 图形的认识	M3.1.2 能通过实物、模型,初步认识长方形、正方形、三角形、圆形等简单的平面图形	M3.1.2.2 能说出或指出正方形实物	说出或指出正方形实物	若干实物（如长方形尺子、正方形卡片、三角板、小圆镜等）	1.观察法。教师及主要照顾者对学生的课堂及日常进行观察。 2.测验法。评估者向评估对象出示正方形卡片，请评估对象说出这是什么形状。/评估者向评估对象出示长方形尺子、正方形卡片、三角板、小圆镜，请评估对象指出正方形	评估者问："这是什么形状？"/评估者说："指一指正方形。"	0分：不需要任何辅助即可说出或指出正方形实物，且用时较短、质量较好； 1分：不需要任何辅助即可说出或指出正方形实物，但用时较长或质量一般； 2分：仅需要提示或示范中的一种辅助即可说出或指出正方形实物； 3分：需要身体辅助方可指出正方形实物； 4分：在身体辅助下也不能指出正方形实物，或无法配合完成评估		

续表

Ⅰ级目标	Ⅱ级目标	Ⅲ级目标	Ⅳ级目标	评估项目	评估材料	评估方法	评估指导语	评估标准	评估结果	备注
M3 图形与几何	M3.1 图形的认识	M3.1.2 能通过实物、模型,初步认识长方形、正方形、三角形、圆形等简单的平面图形	M3.1.2.3 能说出或指出三角形实物	说出或指出三角形实物	若干实物（如长方形尺子、正方形卡片、三角板、小圆镜等）	1.观察法。教师及主要照顾者对学生的课堂及日常进行观察。2.测验法。评估者向评估对象出示三角板,请评估对象说出这是什么形状。/评估者向评估对象出示长方形尺子、正方形卡片、三角板、小圆镜,请评估对象指出三角形	评估者问："这是什么形状?"/评估者说:"指一指三角形。"	0分：不需要任何辅助即可说出或指出三角形实物,且用时较短、质量较好; 1分：不需要任何辅助即可说出或指出三角形实物,但用时较长或质量一般; 2分：仅需要提示或示范中的一种辅助即可说出或指出三角形实物; 3分：需要身体辅助方可指出三角形实物; 4分：在身体辅助下也不能指出三角形实物,或无法配合完成评估		

续表

Ⅰ级目标	Ⅱ级目标	Ⅲ级目标	Ⅳ级目标	评估项目	评估材料	评估方法	评估指导语	评估标准	评估结果	备注
M3 图形与几何	M3.1 图形的认识	M3.1.2 能通过实物、模型,初步认识长方形、正方形、三角形、圆形等简单的平面图形	M3.1.2.4 能说出或指出圆形实物	说出或指出圆形实物	若干实物（如长方形尺子、正方形卡片、三角板、小圆镜等）	1.观察法。教师及主要照顾者对学生的课堂及日常进行观察。2.测验法。评估者向评估对象出示小圆镜,请评估对象说出这是什么形状。/评估者向评估对象出示长方形尺子、正方形卡片、三角板、小圆镜,请评估对象指出圆形	评估者问："这是什么形状?"/评估者说："指一指圆形。"	0分：不需要任何辅助即可说出或指出圆形实物,且用时较短、质量较好;1分：不需要任何辅助即可说出或指出圆形实物,但用时较长或质量一般;2分：仅需要提示或示范中的一种辅助即可说出或指出圆形实物;3分：需要身体辅助方可指出圆形实物;4分：在身体辅助下也不能指出圆形实物,或无法配合完成评估		

续表

I级目标	II级目标	III级目标	IV级目标	评估项目	评估材料	评估方法	评估指导语	评估标准	评估结果	备注
M3 图形与几何	M3.1 图形的认识	M3.1.2 能通过实物、模型，初步认识长方形、正方形、三角形、圆形等简单的平面图形	M3.1.2.5 能说出或指出长方形模型	说出或指出长方形模型	若干模型（如长方形、正方形、三角形、圆形等）	1.观察法。教师及主要照顾者对学生的课堂及日常进行观察。2.测验法。评估者向评估对象出示长方形模型，请评估对象说出这是什么形状。/评估者向评估对象出示长方形、正方形、三角形、圆形模型，请评估对象指出长方形	评估者问："这是什么形状？"/评估者说："指一指长方形。"	0分：不需要任何辅助即可说出或指出长方形模型，且用时较短、质量较好；1分：不需要任何辅助即可说出或指出长方形模型，但用时较长或质量一般；2分：仅需要提示或示范中的一种辅助即可说出或指出长方形模型；3分：需要身体辅助方可指出长方形模型；4分：在身体辅助下也不能指出长方形模型，或无法配合完成评估		

续表

Ⅰ级目标	Ⅱ级目标	Ⅲ级目标	Ⅳ级目标	评估项目	评估材料	评估方法	评估指导语	评估标准	评估结果	备注
M3 图形与几何	M3.1 图形的认识	M3.1.2 能通过实物、模型，初步认识长方形、正方形、三角形、圆形等简单的平面图形	M3.1.2.6 能说出或指出正方形模型	说出或指出正方形模型	若干模型（如长方形、正方形、三角形、圆形等）	1.观察法。教师及主要照顾者对学生的课堂及日常进行观察。 2.测验法。评估者向评估对象出示正方形模型，请评估对象说出这是什么形状。/评估者向评估对象出示长方形、正方形、三角形、圆形模型，请评估对象指出正方形	评估者问："这是什么形状？"/评估者说："指一指正方形。"	0分：不需要任何辅助即可说出或指出正方形模型，且用时较短、质量较好； 1分：不需要任何辅助即可说出或指出正方形模型，但用时较长或质量一般； 2分：仅需要提示或示范中的一种辅助即可说出或指出正方形模型； 3分：需要身体辅助方可指出正方形模型； 4分：在身体辅助下也不能指出正方形模型，或无法配合完成评估		

续表

I级目标	II级目标	III级目标	IV级目标	评估项目	评估材料	评估方法	评估指导语	评估标准	评估结果	备注
M3 图形与几何	M3.1 图形的认识	M3.1.2 能通过实物、模型,初步认识长方形、正方形、三角形、圆形等简单的平面图形	M3.1.2.7 能说出或指出三角形模型	说出或指出三角形模型	若干模型（如长方形、正方形、三角形、圆形等）	1.观察法。教师及主要照顾者对学生的课堂及日常进行观察。 2.测验法。评估者向评估对象出示三角形模型,请评估对象说出这是什么形状。/评估者向评估对象出示长方形、正方形、三角形、圆形模型,请评估对象指出三角形	评估者问:"这是什么形状?"/评估者说:"指一指三角形。"	0分:不需要任何辅助即可说出或指出三角形模型,且用时较短、质量较好; 1分:不需要任何辅助即可说出或指出三角形模型,但用时较长或质量一般; 2分:仅需要提示或示范中的一种辅助即可说出或指出三角形模型; 3分:需要身体辅助方可指出三角形模型; 4分:在身体辅助下也不能指出三角形模型,或无法配合完成评估		

续表

Ⅰ级目标	Ⅱ级目标	Ⅲ级目标	Ⅳ级目标	评估项目	评估材料	评估方法	评估指导语	评估标准	评估结果	备注
M3 图形与几何	M3.1 图形的认识	M3.1.2 能通过实物、模型，初步认识长方形、正方形、三角形、圆形等简单的平面图形	M3.1.2.8 能说出或指出圆形模型	说出或指出圆形模型	若干模型（如长方形、正方形、三角形、圆形等）	1.观察法。教师及主要照顾者对学生的课堂及日常进行观察。 2.测验法。评估者向评估对象出示圆形模型，请评估对象说出这是什么形状。/评估者向评估对象出示长方形、正方形、三角形、圆形模型，请评估对象指出圆形	评估者问："这是什么形状？"/评估者说："指一指圆形。"	0分：不需要任何辅助即可说出或指出圆形模型，且用时较短、质量较好； 1分：不需要任何辅助即可说出或指出圆形模型，但用时较长或质量一般； 2分：仅需要提示或示范中的一种辅助即可说出或指出圆形模型； 3分：需要身体辅助方可指出圆形模型； 4分：在身体辅助下也不能指出圆形模型，或无法配合完成评估		

续表

Ⅰ级目标	Ⅱ级目标	Ⅲ级目标	Ⅳ级目标	评估项目	评估材料	评估方法	评估指导语	评估标准	评估结果	备注
M3 图形与几何	M3.1 图形的认识	M3.1.3 能按照平面图形的形状进行分类	M3.1.3.1 能按照平面图形的形状（长方形、正方形、三角形、圆形）进行分类	按照平面图形的形状（长方形、正方形、三角形、圆形）进行分类	长方形图片、正方形图片、三角形图片、圆形图片各3张	1.观察法。教师及主要照顾者对学生的课堂及日常进行观察。 2.测验法。评估者向评估对象出示长方形图片、正方形图片、三角形图片、圆形图片各3张，请评估对象按形状进行分类	评估者说："请把形状一样的放在一起。"	0分：不需要任何辅助即可按照平面图形的形状（长方形、正方形、三角形、圆形）进行分类，且用时较短、质量较好； 1分：不需要任何辅助即可按照平面图形的形状（长方形、正方形、三角形、圆形）进行分类，但用时较长或质量一般； 2分：仅需要提示或示范中的一种辅助即可按照平面图形的形状（长方形、正方形、三角形、圆形）进行分类； 3分：需要身体辅助方可按照平面图形的形状（长方形、正方形、三角形、圆形）进行分类； 4分：在身体辅助下也不能按照平面图形的形状（长方形、正方形、三角形、圆形）进行分类，或无法配合完成评估		

续表

Ⅰ级目标	Ⅱ级目标	Ⅲ级目标	Ⅳ级目标	评估项目	评估材料	评估方法	评估指导语	评估标准	评估结果	备注
M3 图形与几何	M3.1 图形的认识	M3.1.4 能按照平面图形的大小进行分类	M3.1.4.1 能按照长方形图片的大小进行分类	按照长方形图片的大小进行分类	3张大的长方形图片、3张小的长方形图片	1.观察法。教师及主要照顾者对学生的课堂及日常进行观察。2.测验法。评估者向评估对象出示3张大的长方形图片、3张小的长方形图片，请评估对象按照大小进行分类	评估者说："请把大小一样的放在一起。"	0分：不需要任何辅助即可按照长方形图片的大小进行分类，且用时较短、质量较好；1分：不需要任何辅助即可按照长方形图片的大小进行分类，但用时较长或质量一般；2分：仅需要提示或示范中的一种辅助即可按照长方形图片的大小进行分类；3分：需要身体辅助方可按照长方形图片的大小进行分类；4分：在身体辅助下也不能按照长方形图片的大小进行分类，或无法配合完成评估		
			M3.1.4.2 能按照正方形图片的大小进行分类	按照正方形图片的大小进行分类	3张大的正方形图片、3张小的正方形图片	1.观察法。教师及主要照顾者对学生的课堂及日常进行观察。2.测验法。评估者向评估对象出示3张大的正方形图片、3张小的正方形图片，请评估对象按照大小进行分类	评估者说："请把大小一样的放在一起。"	0分：不需要任何辅助即可按照正方形图片的大小进行分类，且用时较短、质量较好；1分：不需要任何辅助即可按照正方形图片的大小进行分类，但用时较长或质量一般；2分：仅需要提示或示范中的一种辅助即可按照正方形图片的大小进行分类；3分：需要身体辅助方可按照正方形图片的大小进行分类；4分：在身体辅助下也不能按照正方形图片的大小进行分类，或无法配合完成评估		

续表

Ⅰ级目标	Ⅱ级目标	Ⅲ级目标	Ⅳ级目标	评估项目	评估材料	评估方法	评估指导语	评估标准	评估结果	备注
M3 图形与几何	M3.1 图形的认识	M3.1.4 能按照平面图形的大小进行分类	M3.1.4.3 能按照三角形图片的大小进行分类	按照三角形图片的大小进行分类	大的三角形图片、小的三角形图片各3张	1.观察法。教师及主要照顾者对学生的课堂及日常进行观察。2.测验法。评估者向评估对象出示大的三角形图片、小的三角形图片各3张，请评估对象按照大小进行分类	评估者说："请把大小一样的放在一起。"	0分：不需要任何辅助即可按照三角形图片的大小进行分类，且用时较短、质量较好；1分：不需要任何辅助即可按照三角形图片的大小进行分类，但用时较长或质量一般；2分：仅需要提示或示范中的一种辅助即可按照三角形图片的大小进行分类；3分：需要身体辅助方可按照三角形图片的大小进行分类；4分：在身体辅助下也不能按照三角形图片的大小进行分类，或无法配合完成评估		
			M3.1.4.4 能按照圆形图片的大小进行分类	按照圆形图片的大小进行分类	大的圆形图片、小的圆形图片各3张	1.观察法。教师及主要照顾者对学生的课堂及日常进行观察。2.测验法。评估者向评估对象出示大的圆形图片、小的圆形图片各3张，请评估对象按照大小进行分类	评估者说："请把大小一样的放在一起。"	0分：不需要任何辅助即可按照圆形图片的大小进行分类，且用时较短、质量较好；1分：不需要任何辅助即可按照圆形图片的大小进行分类，但用时较长或质量一般；2分：仅需要提示或示范中的一种辅助即可按照圆形图片的大小进行分类；3分：需要身体辅助方可按照圆形图片的大小进行分类；4分：在身体辅助下也不能按照圆形图片的大小进行分类，或无法配合完成评估		

续表

Ⅰ级目标	Ⅱ级目标	Ⅲ级目标	Ⅳ级目标	评估项目	评估材料	评估方法	评估指导语	评估标准	评估结果	备注
M3 图形与几何	M3.2 位置的认识	M3.2.1 知道上、下、前、后，能以自身为参照物，尝试确定周围物体的方位	M3.2.1.1 能以自身为参照物，尝试确定周围物体的上、下方位	以自身为参照物，指出上、下	无	1.观察法。教师及主要照顾者对学生的课堂及日常进行观察。 2.测验法。评估者让评估对象听指令说出或指出上、下方位的物品	评估者问："你的上面或下面有什么？"/评估者说："请你指一指你的上面或下面。"	0分：不需要任何辅助即可以自身为参照物指出上、下，且用时较短、质量较好； 1分：不需要任何辅助即可以自身为参照物指出上、下，但用时较长或质量一般； 2分：仅需要提示或示范中的一种辅助即可以自身为参照物指出上、下； 3分：需要身体辅助方可以自身为参照物指出上、下； 4分：在身体辅助下也不能以自身为参照物指出上、下，或无法配合完成评估		
			M3.2.1.2 能以自身为参照物，尝试确定周围物体的前、后方位	以自身为参照物，指出前、后	无	1.观察法。教师及主要照顾者对学生的课堂及日常进行观察。 2.测验法。评估者让评估对象听指令说出或指出前、后方位的物品	评估者问："你的前面或后面有什么？"/评估者说："请你指一指你的前面或后面。"	0分：不需要任何辅助即可以自身为参照物指出前、后，且用时较短、质量较好； 1分：不需要任何辅助即可以自身为参照物指出前、后，但用时较长或质量一般； 2分：仅需要提示或示范中的一种辅助即可以自身为参照物指出前、后； 3分：需要身体辅助方可以自身为参照物指出前、后； 4分：在身体辅助下也不能以自身为参照物指出前、后，或无法配合完成评估		

续表

Ⅰ级目标	Ⅱ级目标	Ⅲ级目标	Ⅳ级目标	评估项目	评估材料	评估方法	评估指导语	评估标准	评估结果	备注
M4 统计	M4.1 分类	M4.1.1 能按颜色对物体进行分类	M4.1.1.1 能按颜色将物体分成两类	按颜色将物体分成两类	红色积木3块、蓝色积木3块	1.观察法。教师及主要照顾者对学生的课堂及日常进行观察。 2.测验法。评估者将所有积木打乱放在评估对象面前，请评估对象按颜色分类	评估者说："请把颜色一样的放在一起。"	0分：不需要任何辅助即可按颜色将物体分成两类，且用时较短、质量较好； 1分：不需要任何辅助即可按颜色将物体分成两类，但用时较长或质量一般； 2分：仅需要提示或示范中的一种辅助即可按颜色将物体分成两类； 3分：需要身体辅助方可按颜色将物体分成两类； 4分：在身体辅助下也不能按颜色将物体分成两类，或无法配合完成评估		
		M4.1.2 能按大小对物体进行分类	M4.1.2.1 能按大小将物体分成两类	按大小将物体分成两类	颜色相同、大小不同的两类积木各3块	1.观察法。教师及主要照顾者对学生的课堂及日常进行观察。 2.测验法。评估者将所有积木打乱放在评估对象面前，请评估对象按大小分类	评估者说："请把大小一样的放在一起。"	0分：不需要任何辅助即可按大小将物体分成两类，且用时较短、质量较好； 1分：不需要任何辅助即可按大小将物体分成两类，但用时较长或质量一般； 2分：仅需要提示或示范中的一种辅助即可按大小将物体分成两类； 3分：需要身体辅助方可按大小将物体分成两类； 4分：在身体辅助下也不能按大小将物体分成两类，或无法配合完成评估		

续表

I级目标	II级目标	III级目标	IV级目标	评估项目	评估材料	评估方法	评估指导语	评估标准	评估结果	备注
M4 统计	M4.1 分类	M4.1.3 能按形状对物体进行分类	M4.1.3.1 能按形状将物体分成两类	按形状将物体分成两类	正方体积木3块、长方体积木3块	1.观察法。教师及主要照顾者对学生的课堂及日常进行观察。2.测验法。评估者将所有积木打乱放在评估对象面前,请评估对象按形状分类	评估者说："请把形状一样的放在一起。"	0分：不需要任何辅助即可按形状将物体分成两类，且用时较短、质量较好；1分：不需要任何辅助即可按形状将物体分成两类，但用时较长或质量一般；2分：仅需要提示或示范中的一种辅助即可按形状将物体分成两类；3分：需要身体辅助方可按形状将物体分成两类；4分：在身体辅助下也不能按形状将物体分成两类，或无法配合完成评估		
M5 综合与实践	M5.1 使用人民币	M5.1.1 运用所学的知识,体验使用人民币购物的过程,并尝试付款	M5.1.1.1 能在购物的过程中尝试使用人民币付款	在购物的过程中尝试使用人民币付款	无	1.观察法。教师及主要照顾者对学生的课堂及日常进行观察。2.访谈法。访谈教师或主要照顾者	评估者问："请问××在平时跟你们去购物时能尝试用人民币付款吗？"	0分：不需要任何辅助即可在购物的过程中尝试使用人民币付款，且用时较短、质量较好；1分：不需要任何辅助即可在购物的过程中尝试使用人民币付款，但用时较长或质量一般；2分：仅需要提示或示范中的一种辅助即可在购物的过程中尝试使用人民币付款；3分：需要身体辅助方可在购物的过程中尝试使用人民币付款；4分：在身体辅助下也不能在购物的过程中尝试使用人民币付款，或无法配合完成评估		

续表

Ⅰ级目标	Ⅱ级目标	Ⅲ级目标	Ⅳ级目标	评估项目	评估材料	评估方法	评估指导语	评估标准	评估结果	备注
M5 综合与实践	M5.2 时间概念的应用	M5.2.1 能结合自己的生活经验，判断早晨、中午和晚上，判断上午、下午	M5.2.1.1 能结合自己的生活经验分辨早晨	结合自己的生活经验分辨早晨	无	1.观察法。教师及主要照顾者对学生的课堂及日常进行观察。 2.访谈法。访谈教师或主要照顾者	评估者问："××在任何时候都能分辨早晨吗？如吃早餐的时候，××知道当时是早晨吗？"	**0分**：总是能分辨早晨； **1分**：大部分时候能分辨早晨； **2分**：有时能分辨早晨，有时不能； **3分**：很少能分辨早晨； **4分**：几乎不能分辨早晨		
			M5.2.1.2 能结合自己的生活经验分辨中午	结合自己的生活经验分辨中午	无	1.观察法。教师及主要照顾者对学生的课堂及日常进行观察。 2.访谈法。访谈教师或主要照顾者	评估者问："××在任何时候都能分辨中午吗？如吃午餐的时候，××知道当时是中午吗？"	**0分**：总是能分辨中午； **1分**：大部分时候能分辨中午； **2分**：有时能分辨中午，有时不能； **3分**：很少能分辨中午； **4分**：几乎不能分辨中午		
			M5.2.1.3 能结合自己的生活经验分辨晚上	结合自己的生活经验分辨晚上	无	1.观察法。教师及主要照顾者对学生的课堂及日常进行观察。 2.访谈法。访谈教师或主要照顾者	评估者问："××在任何时候都能分辨晚上吗？如吃晚餐的时候，××知道当时是晚上吗？"	**0分**：总是能分辨晚上； **1分**：大部分时候能分辨晚上； **2分**：有时能分辨晚上，有时不能； **3分**：很少能分辨晚上； **4分**：几乎不能分辨晚上		

续表

Ⅰ级目标	Ⅱ级目标	Ⅲ级目标	Ⅳ级目标	评估项目	评估材料	评估方法	评估指导语	评估标准	评估结果	备注
M5 综合与实践	M5.2 时间概念的应用	M5.2.1 能结合自己的生活经验，判断早晨、中午和晚上，判断上午、下午	M5.2.1.4 能结合自己的生活经验分辨上午	结合自己的生活经验分辨上午	无	1.观察法。教师及主要照顾者对学生的课堂及日常进行观察。 2.访谈法。访谈教师或主要照顾者	评估者问："××在平时的生活中能分辨上午吗？"	0分：总是能分辨上午； 1分：大部分时候能分辨上午； 2分：有时能分辨上午，有时不能； 3分：很少能分辨上午； 4分：几乎不能分辨上午		
			M5.2.1.5 能结合自己的生活经验分辨下午	结合自己的生活经验分辨下午	无	1.观察法。教师及主要照顾者对学生的课堂及日常进行观察。 2.访谈法。访谈教师或主要照顾者	评估者问："××在平时的生活中能分辨下午吗？"	0分：总是能分辨下午； 1分：大部分时候能分辨下午； 2分：有时能分辨下午，有时不能； 3分：很少能分辨下午； 4分：几乎不能分辨下午		

续表

Ⅰ级目标	Ⅱ级目标	Ⅲ级目标	Ⅳ级目标	评估项目	评估材料	评估方法	评估指导语	评估标准	评估结果	备注
M5 综合与实践	M5.3 图形的应用	M5.3.1 能用长方形、正方形、三角形和圆形进行简单的拼图	M5.3.1.1 能用长方形、正方形、三角形和圆形中的两种或多种图形进行简单的拼图	用长方形、正方形、三角形和圆形中的两种或多种图形进行简单的拼图（如能用三角形和正方形拼成一个小房子）	长方形、正方形、三角形和圆形的积木若干	1.观察法。教师及主要照顾者对学生的课堂及日常进行观察。 2.测验法。评估者将积木摆放在评估对象面前，要求评估对象摆出小房子或小汽车	评估者说："请你用积木摆出小房子或小汽车。"	0分：不需要任何辅助即可用长方形、正方形、三角形和圆形中的两种或多种图形进行简单的拼图，且用时较短、质量较好； 1分：不需要任何辅助即可用长方形、正方形、三角形和圆形中的两种或多种图形进行简单的拼图，但用时较长或质量一般； 2分：仅需要提示或示范中的一种辅助即可用长方形、正方形、三角形和圆形中的两种或多种图形进行简单的拼图； 3分：需要身体辅助方可用长方形、正方形、三角形和圆形中的两种或多种图形进行简单的拼图； 4分：在身体辅助下也不能用长方形、正方形、三角形和圆形中的两种或多种图形进行简单的拼图，或无法配合完成评估		

续表

Ⅰ级目标	Ⅱ级目标	Ⅲ级目标	Ⅳ级目标	评估项目	评估材料	评估方法	评估指导语	评估标准	评估结果	备注
M5 综合与实践	M5.4 位置的应用	M5.4.1 能在生活环境中辨别上、下、前、后	M5.4.1.1 能结合现实情境辨别上	结合现实情境辨别上（如在桌子上面放一支笔，下面放一块橡皮，请评估对象说出或拿桌子上面的物品）	笔、橡皮、桌子	1.观察法。教师及主要照顾者对学生的课堂及日常进行观察。2.测验法。评估者将笔放在桌子上面，将橡皮放在桌子下面，请评估对象说出或拿桌子上面的物品	评估者问："桌子上面有什么?"/评估者说："请拿桌子上面的东西给我。"	0分：不需要任何辅助即可结合现实情境辨别上，且用时较短、质量较好；1分：不需要任何辅助即可结合现实情境辨别上，但用时较长或质量一般；2分：仅需要提示或示范中的一种辅助即可结合现实情境辨别上；3分：需要身体辅助方可结合现实情境辨别上；4分：在身体辅助下也不能结合现实情境辨别上，或无法配合完成评估		
			M5.4.1.2 能结合现实情境辨别下	结合现实情境辨别下（如在桌子上面放一支笔，下面放一块橡皮，请评估对象说出或拿桌子下面的物品）	笔、橡皮、桌子	1.观察法。教师及主要照顾者对学生的课堂及日常进行观察。2.测验法。评估者将笔放在桌子上面，将橡皮放在桌子下面，请评估对象说出或拿桌子下面的物品	评估者问："桌子下面有什么?"/评估者说："请拿桌子下面的东西给我。"	0分：不需要任何辅助即可结合现实情境辨别下，且用时较短、质量较好；1分：不需要任何辅助即可结合现实情境辨别下，但用时较长或质量一般；2分：仅需要提示或示范中的一种辅助即可结合现实情境辨别下；3分：需要身体辅助方可结合现实情境辨别下；4分：在身体辅助下也不能结合现实情境辨别下，或无法配合完成评估		

续表

Ⅰ级目标	Ⅱ级目标	Ⅲ级目标	Ⅳ级目标	评估项目	评估材料	评估方法	评估指导语	评估标准	评估结果	备注
M5 综合与实践	M5.4 位置的应用	M5.4.1 能在生活环境中辨别上、下、前、后	M5.4.1.3 能结合现实情境辨别前	结合现实情境辨别前（如在评估对象前面放一张卡片，后面放一支笔）	卡片、笔	1.观察法。教师及主要照顾者对学生的课堂及日常进行观察。2.测验法。评估者将卡片放在评估对象前面，将笔放在评估对象后面，请评估对象说出前面有什么或指一指前面	评估者说："请你说一说你的前面有什么。/请你指一指你的前面。"	0分：不需要任何辅助即可结合现实情境辨别前，且用时较短、质量较好；1分：不需要任何辅助即可结合现实情境辨别前，但用时较长或质量一般；2分：仅需要提示或示范中的一种辅助即可结合现实情境辨别前；3分：需要身体辅助方可结合现实情境辨别前；4分：在身体辅助下也不能结合现实情境辨别前，或无法配合完成评估		
			M5.4.1.4 能结合现实情境辨别后	结合现实情境辨别后（如在评估对象前面放一张卡片，后面放一支笔）	卡片、笔	1.观察法。教师及主要照顾者对学生的课堂及日常进行观察。2.测验法。评估者将卡片放在评估对象前面，将笔放在评估对象后面，请评估对象说出后面有什么或指一指后面	评估者说："请你说一说你的后面有什么。/请你指一指你的后面。"	0分：不需要任何辅助即可结合现实情境辨别后，且用时较短、质量较好；1分：不需要任何辅助即可结合现实情境辨别后，但用时较长或质量一般；2分：仅需要提示或示范中的一种辅助即可结合现实情境辨别后；3分：需要身体辅助方可结合现实情境辨别后；4分：在身体辅助下也不能结合现实情境辨别后，或无法配合完成评估		

续表

Ⅰ级目标	Ⅱ级目标	Ⅲ级目标	Ⅳ级目标	评估项目	评估材料	评估方法	评估指导语	评估标准	评估结果	备注
M5 综合与实践	M5.5 统计实践	M5.5.1 能在现实情境中，根据给定的一个标准进行简单分类	M5.5.1.1 能结合现实情境，根据给定的一个标准进行简单分类	结合现实情境，根据给定的一个标准进行简单分类（如给定标准"可以书写/不可以书写的物品"，让评估对象将物品进行分类）	颜色不一样的铅笔、水性笔、积木、雪花片	1.观察法。教师及主要照顾者对学生的课堂及日常进行观察。2.测验法。评估者拿出颜色不一样的铅笔、水性笔、积木、雪花片，问评估对象哪些可以书写，哪些不可以书写	评估者说："请你把可以写字的放在这里，把不可以写字的放在那里。"	0分：不需要任何辅助即可结合现实情境，根据给定的一个标准进行简单分类，且用时较短、质量较好；1分：不需要任何辅助即可结合现实情境，根据给定的一个标准进行简单分类，但用时较长或质量一般；2分：仅需要提示或示范中的一种辅助即可结合现实情境，根据给定的一个标准进行简单分类；3分：需要身体辅助方可结合现实情境，根据给定的一个标准进行简单分类；4分：在身体辅助下也不能结合现实情境，根据给定的一个标准进行简单分类，或无法配合完成评估		

生活适应课程评估

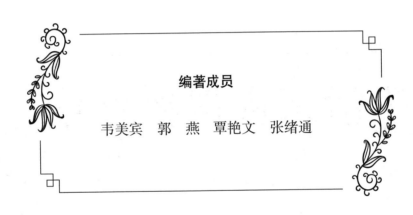

编著成员

韦美宾　郭　燕　覃艳文　张绪通

生活适应课程评估一览表

Ⅰ级目标	Ⅱ级目标	Ⅲ级目标	Ⅳ级目标	评估项目	评估材料	评估方法	评估指导语	评估标准	评估结果	备注
A1 个人生活	A1.1 饮食习惯	A1.1.1 能认识常见的食物	A1.1.1.1 能说出或指出常见的主食	说出或指出常见的主食（如米饭、包子、面条、白粥、馒头等）	米饭、包子、面条、白粥、馒头的卡片	1.观察法。教师及主要照顾者对学生的课堂及日常进行观察。2.测验法。评估者分别向评估对象出示米饭、包子、面条、粥、馒头的卡片，请评估对象说出卡片上图案的名称。/评估者让评估对象指认卡片	评估者问："这是什么？"/评估者说："指一指哪个是米饭/包子/面条/白粥/馒头。"	0分：能说出或指出5种以上常见的主食；1分：能说出或指出4种常见的主食；2分：能说出或指出3种常见的主食；3分：能说出或指出1～2种常见的主食；4分：不能说出或指出常见的主食，或无法配合完成评估		
			A1.1.1.2 能说出或指出常见的水果	说出或指出常见的水果（如苹果、西瓜、草莓、葡萄、香蕉、火龙果等）	苹果、西瓜、草莓、葡萄、香蕉、火龙果的卡片	1.观察法。教师及主要照顾者对学生的课堂及日常进行观察。2.测验法。评估者分别向评估对象出示苹果、西瓜、草莓、葡萄、香蕉、火龙果的卡片，请评估对象说出卡片上图案的名称。/评估者让评估对象指认卡片	评估者问："这是什么？"/评估者说："请你指一指哪个是苹果/西瓜/草莓/葡萄/香蕉/火龙果。"	0分：能说出或指出6种以上常见的水果；1分：能说出或指出5种常见的水果；2分：能说出或指出4种常见的水果；3分：能说出或指出1～3种常见的水果；4分：不能说出或指出常见的水果，或无法配合完成评估		

续表

Ⅰ级目标	Ⅱ级目标	Ⅲ级目标	Ⅳ级目标	评估项目	评估材料	评估方法	评估指导语	评估标准	评估结果	备注
A1 个人生活	A1.1 饮食习惯	A1.1.1 能认识常见的食物	A1.1.1.3 能说出或指出常见的蔬菜	说出或指出常见的蔬菜（如青菜、西红柿、南瓜、豆角、胡萝卜等）	青菜、西红柿、南瓜、豆角、胡萝卜的卡片	1.观察法。教师及主要照顾者对学生的课堂及日常进行观察。 2.测验法。评估者分别向评估对象出示青菜、西红柿、南瓜、豆角、胡萝卜的卡片，请评估对象说出卡片上图案的名称。/评估者让评估对象指认卡片	评估者问："这是什么？"/评估者说："请你指一指哪个是青菜/西红柿/南瓜/豆角/胡萝卜。"	0分：能说出或指出6种以上常见的蔬菜； 1分：能说出或指出5种常见的蔬菜； 2分：能说出或指出4种常见的蔬菜； 3分：能说出或指出1~3种常见的蔬菜； 4分：不能说出或指出常见的蔬菜，或无法配合完成评估		
		A1.1.2 能认识常见的餐具，并会整理	A1.1.2.1 能说出或指出常见的餐具	说出或指出常见的餐具（如筷子、盘子、碗、勺子、杯子等）	筷子、盘子、碗、勺子、杯子的卡片	1.观察法。教师及主要照顾者对学生的课堂及日常进行观察。 2.测验法。评估者分别向评估对象出示筷子、盘子、碗、勺子、杯子的卡片，请评估对象说出卡片上图案的名称。/评估者让评估对象指认卡片	评估者问："这是什么？"/评估者说："指一指哪个是筷子/盘子/碗/勺子/杯子。"	0分：能说出或指出5种以上常见的餐具； 1分：能说出或指出4种常见的餐具； 2分：能说出或指出3种常见的餐具； 3分：能说出或指出1~2种常见的餐具； 4分：不能说出或指出常见的餐具，或无法配合完成评估		

续表

Ⅰ级目标	Ⅱ级目标	Ⅲ级目标	Ⅳ级目标	评估项目	评估材料	评估方法	评估指导语	评估标准	评估结果	备注
A1 个人生活	A1.1 饮食习惯	A1.1.2 能认识常见的餐具，并会整理	A1.1.2.2 能在饭后整理常见的餐具	在饭后整理常见的餐具（如收拾碗筷等）	无	1.观察法。教师及主要照顾者对学生的课堂及日常进行观察。2.访谈法。访谈教师或主要照顾者	评估者问："请问××在吃完饭后会不会自己收拾碗筷？"	0分：能独自整理餐桌上的餐具，且用时较短、质量较好；1分：能独自整理餐桌上的餐具，但用时较长或质量一般；2分：仅需要提示或示范中的一种辅助即可整理餐桌上的餐具；3分：需要身体辅助方可整理餐桌上的餐具；4分：在身体辅助下也不能整理餐桌上的餐具，或无法配合完成评估		
		A1.1.3 能初步养成良好的进餐习惯	A1.1.3.1 能有良好的饭前、饭中、饭后进餐习惯	有良好的饭前、饭中、饭后进餐习惯（如能做到饭前洗手、饭中安静进食、饭后洗手擦嘴）	无	1.观察法。教师及主要照顾者对学生的课堂及日常进行观察。2.访谈法。访谈教师或主要照顾者	评估者问："请问××会不会饭前洗手/饭中安静进食/饭后洗手擦嘴？"	0分：能自觉坚持良好的进餐习惯，且质量较好；1分：能自觉坚持良好的进餐习惯，但质量一般；2分：仅需要提示或示范中的一种辅助即可坚持良好的进餐习惯；3分：需要身体辅助方可坚持良好的进餐习惯；4分：在身体辅助下也不能坚持良好的进餐习惯，或无法配合完成评估		

续表

Ⅰ级目标	Ⅱ级目标	Ⅲ级目标	Ⅳ级目标	评估项目	评估材料	评估方法	评估指导语	评估标准	评估结果	备注
A1 个人生活	A1.2 个人卫生	A1.2.1 学会洗手、洗脸、刷牙	A1.2.1.1 能学会洗手	洗手	无	1.观察法。教师及主要照顾者对学生的课堂及日常进行观察。 2.访谈法。访谈教师或主要照顾者	评估者问："请问××会不会自己洗手。"	0分：能独立进行洗手，且用时较短、质量较好； 1分：能独立进行洗手，但用时较长或质量一般； 2分：仅需要提示或示范中的一种辅助即可洗手； 3分：需要身体辅助方可洗手； 4分：在身体辅助下也不能洗手，或无法配合完成评估		
			A1.2.1.2 能学会洗脸	洗脸	无	1.观察法。教师及主要照顾者对学生的课堂及日常进行观察。 2.访谈法。访谈教师或主要照顾者	评估者问："请问××会不会自己洗脸。"	0分：能独立进行洗脸，且用时较短、质量较好； 1分：能独立进行洗脸，但用时较长或质量一般； 2分：仅需要提示或示范中的一种辅助即可洗脸； 3分：需要身体辅助方可洗脸； 4分：在身体辅助下也不能洗脸，或无法配合完成评估		

续表

Ⅰ级目标	Ⅱ级目标	Ⅲ级目标	Ⅳ级目标	评估项目	评估材料	评估方法	评估指导语	评估标准	评估结果	备注
A1 个人生活	A1.2 个人卫生	A1.2.1 学会洗手、洗脸、刷牙	A1.2.1.3 能学会刷牙	刷牙	无	1.观察法。教师及主要照顾者对学生的课堂及日常进行观察。 2.访谈法。访谈教师或主要照顾者	评估者问："请问××会不会自己刷牙。"	0分：能独立进行刷牙，且用时较短、质量较好； 1分：能独立进行刷牙，但用时较长或质量一般； 2分：仅需要提示或示范中的一种辅助即可刷牙； 3分：需要身体辅助方可刷牙； 4分：在身体辅助下也不能刷牙，或无法配合完成评估		
		A1.2.2 能及时表达大小便的意愿	A1.2.2.1 能用肢体动作或语言表达自己大小便的意愿	用肢体动作或语言表达自己大小便的意愿（如用手示意、有便意时告诉别人想上厕所）	无	1.观察法。教师及主要照顾者对学生的课堂及日常进行观察。 2.访谈法。访谈教师或主要照顾者	评估者问："请问××想要大小便时会不会告诉你，或者会不会用其他动作表示自己要上厕所？"	0分：总是能表达便意； 1分：大部分时候能表达便意； 2分：有时能表达便意，有时不能； 3分：很少能表达便意； 4分：几乎不能表达便意		
		A1.2.3 能正确处理如厕事项	A1.2.3.1 能自己去厕所大小便	自己去厕所大小便	无	1.观察法。教师及主要照顾者对学生的课堂及日常进行观察。 2.访谈法。访谈教师或主要照顾者	评估者问："请问××会不会自己去厕所大小便？比如区分男女厕。"	0分：在任何环境中都能独立大小便； 1分：大部分时候能独立大小便； 2分：有时能独立大小便，有时不能； 3分：很少能独立大小便； 4分：几乎不能独立大小便		

续表

Ⅰ级目标	Ⅱ级目标	Ⅲ级目标	Ⅳ级目标	评估项目	评估材料	评估方法	评估指导语	评估标准	评估结果	备注
A1 个人生活	A1.2 个人卫生	A1.2.3 能正确处理如厕事项	A1.2.3.2 能在大便后自己擦拭干净	大便后自己擦拭干净	无	1.观察法。教师及主要照顾者对学生的课堂及日常进行观察。 2.访谈法。访谈教师或主要照顾者	评估者问："请问××在大便后能不能自己擦拭干净？"	0分：能在大便后自己擦拭干净，且用时较短、质量较好； 1分：能在大便后自己擦拭干净，但用时较长或质量一般； 2分：仅需要提示或示范即可在大便后自己擦拭干净； 3分：需要身体辅助方可在大便后自己擦拭干净； 4分：在身体辅助下也不能在大便后自己擦拭干净，或无法配合完成评估		
			A1.2.3.3 能在大小便后自己冲水	能在大小便后自己冲水	无	1.观察法。教师及主要照顾者对学生的课堂及日常进行观察。 2.访谈法。访谈教师或主要照顾者	评估者问："请问××在大小便后能不能自己冲水？"	0分：在任何环境中都能在大小便后自己冲水； 1分：大部分时候能在大小便后自己冲水； 2分：有时能在大小便后自己冲水，有时不能； 3分：很少能在大小便后自己冲水； 4分：几乎不能在大小便后自己冲水		

续表

Ⅰ级目标	Ⅱ级目标	Ⅲ级目标	Ⅳ级目标	评估项目	评估材料	评估方法	评估指导语	评估标准	评估结果	备注
A1 个人生活	A1.3 个人着装	A1.3.1 能认识常见的衣物	A1.3.1.1 能说出或指出常见的衣裤	说出或指出常见的衣裤（如短袖、外套、棉衣、毛衣、长裤、短裤）	短袖、外套、棉衣、毛衣、长裤、短裤的卡片	1.观察法。教师及主要照顾者对学生的课堂及日常进行观察。2.测验法。评估者分别向评估对象出示短袖、外套、棉衣、毛衣、长裤、短裤的卡片，请评估对象说出卡片上图案的名称。/评估者让评估对象指认卡片	评估者问："这是什么？"/评估者说："请你指一指哪个是短袖/外套/棉衣/毛衣/长裤/短裤。"	0分：能说出或指出6种以上常见的衣裤；1分：能说出或指出5种常见的衣裤；2分：能说出或指出4种常见的衣裤；3分：能说出或指出1～3种常见的衣裤；4分：不能说出或指出常见的衣裤，或无法配合完成评估		

续表

Ⅰ级目标	Ⅱ级目标	Ⅲ级目标	Ⅳ级目标	评估项目	评估材料	评估方法	评估指导语	评估标准	评估结果	备注
A1 个人生活	A1.3 个人着装	A1.3.1 能认识常见的衣物	A1.3.1.2 能说出或指出常见的鞋袜	说出或指出常见的鞋袜（如运动鞋、凉鞋、拖鞋、皮鞋、袜子）	运动鞋、凉鞋、拖鞋、皮鞋、袜子的卡片	1.观察法。教师及主要照顾者对学生的课堂及日常进行观察。2.测验法。评估者分别向评估对象出示运动鞋、凉鞋、拖鞋、皮鞋、袜子的卡片，请评估对象说出卡片上图案的名称。/评估者可以让评估对象指认卡片	评估者问："这是什么？"/评估者说："请你指一指哪个是运动鞋/凉鞋/拖鞋/皮鞋/袜子。"	0分：能说出或指出5种以上常见的鞋袜；1分：能说出或指出4种常见的鞋袜；2分：能说出或指出3种常见的鞋袜；3分：能说出或指出1～2种常见的鞋袜；4分：不能说出或指出常见的鞋袜，或无法配合完成评估		

续表

Ⅰ级目标	Ⅱ级目标	Ⅲ级目标	Ⅳ级目标	评估项目	评估材料	评估方法	评估指导语	评估标准	评估结果	备注
A1 个人生活	A1.3 个人着装	A1.3.1 能认识常见的衣物	A1.3.1.3 能说出或指出常见的配饰	说出或指出常见的配饰（如帽子、围巾、手套、皮带、发饰）	帽子、围巾、手套的卡片	1.观察法。教师及主要照顾者对学生的课堂及日常进行观察。 2.测验法。评估者分别向评估对象出示帽子、围巾、手套、皮带、发饰的卡片，请评估对象说出卡片上图案的名称。/评估者让评估对象指认卡片	评估者问："这是什么？"/评估者说："请你指一指哪个是帽子/围巾/手套/皮带/发饰。"	0分：能说出或指出5种以上常见的配饰； 1分：能说出或指出4种常见的配饰； 2分：能说出或指出3种常见的配饰； 3分：能说出或指出1～2种常见的配饰； 4分：不能说出或指出常见的配饰，或无法配合完成评估		
		A1.3.2 会戴帽子、手套	A1.3.2.1 会戴常见的帽子	会戴常见的帽子（如遮阳帽、棉帽）	无	1.观察法。教师及主要照顾者对学生的课堂及日常进行观察。 2.访谈法。访谈教师或主要照顾者	评估者问："请问××会不会戴帽子？比如遮阳帽或棉帽。"	0分：会戴帽子，且用时较短、质量较好； 1分：会戴帽子，但用时较长或质量一般； 2分：仅需要提示或示范中的一种辅助即会戴帽子； 3分：需要身体辅助方会戴帽子； 4分：在身体辅助下也不会戴帽子，或无法配合完成评估		

续表

Ⅰ级目标	Ⅱ级目标	Ⅲ级目标	Ⅳ级目标	评估项目	评估材料	评估方法	评估指导语	评估标准	评估结果	备注
A1 个人生活	A1.3 个人着装	A1.3.2 会戴帽子、手套	A1.3.2.2 会戴常见的手套	会戴常见的手套（如冬天的厚手套、一次性手套）	无	1.观察法。教师及主要照顾者对学生的课堂及日常进行观察。 2.访谈法。访谈教师或主要照顾者	评估者问："请问××会不会戴手套？比如冬天的厚手套或一次性手套。"	0分：会戴手套，且用时较短、质量较好； 1分：会戴手套，但用时较长或质量一般； 2分：仅需要提示或示范中的一种辅助即会戴手套； 3分：需要身体辅助方会戴手套； 4分：在身体辅助下也不会戴手套，或无法配合完成评估		
		A1.3.3 会穿脱简便的衣服、鞋袜	A1.3.3.1 会穿简便的衣服	会穿简便的衣服（如套头衫、开衫、拉链衫等）	无	1.观察法。教师及主要照顾者对学生的课堂及日常进行观察。 2.访谈法。访谈教师或主要照顾者	评估者问："请问××会不会穿简便的衣服？比如套头衫、开衫、拉链衫等。"	0分：会穿简便的衣服，且用时较短、质量较好； 1分：会穿简便的衣服，但用时较长或质量一般； 2分：仅需要提示或示范中的一种辅助即会穿简便的衣服； 3分：需要身体辅助方会穿简便的衣服； 4分：在身体辅助下也不会穿简便的衣服，或无法配合完成评估		
			A1.3.3.2 会脱简便的衣服	会脱简便的衣服（如套头衫、开衫、拉链衫等）	无	1.观察法。教师及主要照顾者对学生的课堂及日常进行观察。 2.访谈法。访谈教师或主要照顾者	评估者问："请问××会不会脱简便的衣服？比如套头衫、开衫、拉链衫等。"	0分：会脱简便的衣服，且用时较短、质量较好； 1分：会脱简便的衣服，但用时较长或质量一般； 2分：仅需要提示或示范中的一种辅助即会脱简便的衣服； 3分：需要身体辅助方会脱简便的衣服； 4分：在身体辅助下也不会脱简便的衣服，或无法配合完成评估		

续表

Ⅰ级目标	Ⅱ级目标	Ⅲ级目标	Ⅳ级目标	评估项目	评估材料	评估方法	评估指导语	评估标准	评估结果	备注
A1 个人生活	A1.3 个人着装	A1.3.3 会穿脱简便的衣服、鞋袜	A1.3.3.3 会穿简便的鞋子	会穿简便的鞋子（如魔术贴鞋子、一脚蹬鞋子）	无	1.观察法。教师及主要照顾者对学生的课堂及日常进行观察。 2.访谈法。访谈教师或主要照顾者	评估者问："请问××会不会穿简便的鞋？比如魔术贴鞋子/一脚蹬鞋子。"	0分：会穿简便的鞋子，且用时较短、质量较好； 1分：会穿简便的鞋子，但用时较长或质量一般； 2分：仅需要提示或示范中的一种辅助即会穿简便的鞋子； 3分：需要身体辅助方会穿简便的鞋子； 4分：在身体辅助下也不会穿简便的鞋子，或无法配合完成评估		
			A1.3.3.4 会脱简便的鞋子	会脱简便的鞋子（如魔术贴鞋子、一脚蹬鞋子）	无	1.观察法。教师及主要照顾者对学生的课堂及日常进行观察。 2.访谈法。访谈教师或主要照顾者	评估者问："请问××会不会脱简便的鞋子？比如魔术贴鞋子/一脚蹬鞋子。"	0分：会脱简便的鞋子，且用时较短、质量较好； 1分：会脱简便的鞋子，但用时较长或质量一般； 2分：仅需要提示或示范中的一种辅助即会脱简便的鞋子； 3分：需要身体辅助方会脱简便的鞋子； 4分：在身体辅助下也不会脱简便的鞋子，或无法配合完成评估		

续表

Ⅰ级目标	Ⅱ级目标	Ⅲ级目标	Ⅳ级目标	评估项目	评估材料	评估方法	评估指导语	评估标准	评估结果	备注
A1 个人生活	A1.3 个人着装	A1.3.3 会穿脱简便的衣服、鞋袜	A1.3.3.5 会穿袜子	穿袜子	无	1.观察法。教师及主要照顾者对学生的课堂及日常进行观察。 2.访谈法。访谈教师或主要照顾者	评估者问："请问××会不会穿袜子？"	0分：会穿袜子，且用时较短、质量较好； 1分：会穿袜子，但用时较长或质量一般； 2分：仅需要提示或示范中的一种辅助即会穿袜子； 3分：需要身体辅助方会穿简便的袜子； 4分：在身体辅助下也不会穿简便的袜子，或无法配合完成评估		
			A1.3.3.6 会脱袜子	脱袜子	无	1.观察法。教师及主要照顾者对学生的课堂及日常进行观察。 2.访谈法。访谈教师或主要照顾者	评估者问："请问××会不会脱袜子？"	0分：会脱袜子，且用时较短、质量较好； 1分：会脱袜子，但用时较长或质量一般； 2分：仅需要提示或示范中的一种辅助即会脱袜子； 3分：需要身体辅助方会脱袜子； 4分：在身体辅助下也不会脱袜子，或无法配合完成评估		

续表

Ⅰ级目标	Ⅱ级目标	Ⅲ级目标	Ⅳ级目标	评估项目	评估材料	评估方法	评估指导语	评估标准	评估结果	备注
A1 个人生活	A1.4 疾病预防	A1.4.1 能表达身体不适	A1.4.1.1 能用肢体动作或语言告知主要照顾者自己身体不适（如拉妈妈的手摸自己不舒适的部位或指向自己不舒适的部位；直接用语言表达"我××不舒服"）	用肢体动作或语言告知主要照顾者自己身体不适（如拉妈妈的手摸自己不舒适的部位或指向自己不舒适的部位；直接用语言表达"我××不舒服"）	无	1.观察法。教师及主要照顾者对学生的课堂及日常进行观察。 2.访谈法。访谈教师或主要照顾者	评估者问："请问××在不舒服的时候会不会告诉你们他哪里不舒服，或是用妈妈的手摸自己不舒适的部位或指向自己不舒适的部位？"	0分：总是能用肢体动作或语言表达身体不适； 1分：大部分时候能用肢体动作或语言表达身体不适； 2分：有时用肢体动作或语言表达身体不适，有时不能； 3分：很少能用肢体动作或语言表达身体不适； 4分：几乎不能用肢体动作或语言表达身体不适		
		A1.4.2 能向家长或老师寻求帮助	A1.4.2.1 能在身体不适时用肢体动作或语言向家长或老师寻求帮助	在身体不适时用肢体动作或语言向家长、老师寻求帮助（如主动用指一指等肢体动作表达不舒服，或对妈妈说："我肚子痛"）	无	1.观察法。教师及主要照顾者对学生的课堂及日常进行观察。 2.访谈法。访谈教师或主要照顾者	评估者问："请问××在身体不适时会用肢体动作或语言向家长或老师寻求帮助吗？比如主动用指一指等肢体动作表达不舒服，或对妈妈说'我肚子痛'。"	0分：在任何时候身体不适时都能用肢体动作或语言向家长或老师寻求帮助； 1分：大部分时候身体不适时能用肢体动作或语言向家长或老师寻求帮助； 2分：有时能在身体不适时用肢体动作或语言向家长或老师寻求帮助，有时不能； 3分：很少能在身体不适时用肢体动作或语言向家长或老师寻求帮助； 4分：几乎不能在身体不适时用肢体动作或语言向家长或老师寻求帮助		

续表

Ⅰ级目标	Ⅱ级目标	Ⅲ级目标	Ⅳ级目标	评估项目	评估材料	评估方法	评估指导语	评估标准	评估结果	备注
A1 个人生活	A1.5 自我认识	A1.5.1 能认识身体各部位的名称	A1.5.1.1 能说出或指出自己的五官	说出或指出自己的五官（如眼睛、鼻子、嘴巴、舌头、耳朵等）	无	1.观察法。教师及主要照顾者对学生的课堂及日常进行观察。 2.测验法。评估者询问评估对象	评估者指着眼睛/鼻子/嘴巴/舌头/耳朵问："这是什么？"/评估者说："请你指一指你的眼睛/鼻子/嘴巴/舌头/耳朵。"	0分：能说出或指出5种自己的五官； 1分：能说出或指出4种自己的五官； 2分：能说出或指出3种自己的五官； 3分：能说出或指出1～2种自己的五官； 4分：不能说出或指出自己的五官，或完全无法配合评估		
			A1.5.1.2 能说出或指出自己的身体部位	说出或指出自己的身体部位（如手、脚、腿、肚子、肩膀等）	无	1.观察法。教师及主要照顾者对学生的课堂及日常进行观察。 2.测验法。评估者询问评估对象	评估者指着手/脚/腿/肚子/肩膀问："这是什么？"/评估者说："请你指一指你的手/脚/腿/肚子/肩膀。"	0分：能说出或指出5种及以上自己的身体部位； 1分：能说出或指出4种自己的身体部位； 2分：能说出或指出3种自己的身体部位； 3分：能说出或指出1～2种自己的身体部位； 4分：不能说出或指出自己的身体部位，或完全无法配合评估		

续表

I级目标	II级目标	III级目标	IV级目标	评估项目	评估材料	评估方法	评估指导语	评估标准	评估结果	备注
A1 个人生活	A1.5 自我认识	A1.5.2 能认识自己的外貌特征	A1.5.2.1 能说出或指出自己的外貌特征	说出或指出自己的外貌特征（如长发还是短发）	长发、短发的卡片	1.观察法。教师及主要照顾者对学生的课堂及日常进行观察。2.测验法。评估者询问评估对象。/评估者分别拿出长发、短发的卡片，让评估对象指出自己的头发特征	评估者问："请问你的头发是长发还是短发？"/评估者说："请你指一指你的头发是长发还是短发。"	0分：不需要任何辅助即可说出或指出自己的外貌特征，且用时较短、质量较好；1分：不需要任何辅助即可说出或指出自己的外貌特征，但用时较长或质量一般；2分：仅需要提示或示范中的一种辅助即可说出或指出自己的外貌特征；3分：需要身体辅助方可指出自己的外貌特征；4分：在身体辅助下也不能指出自己的外貌特征，或无法配合完成评估		
		A1.5.3 能知道自己的姓名、性别、年龄等基本信息	A1.5.3.1 能说出自己的姓名或对自己的名字有反应	说出自己的姓名或对自己的名字有反应	无	1.观察法。教师及主要照顾者对学生的课堂及日常进行观察。2.测验法。评估者询问评估对象，观察其反应	评估者问："你叫什么名字？"/评估者说："××（评估对象的名字）。"	0分：不需要任何辅助即可说出自己的姓名或对自己的名字有反应，且用时较短、质量较好；1分：不需要任何辅助即可说出自己的姓名或对自己的名字有反应，但用时较长或质量一般；2分：仅需要提示或示范中的一种辅助即可说出自己的姓名或对自己的名字有反应；3分：需要身体辅助方可对自己的名字有反应；4分：在身体辅助下也不能对自己的名字有反应，或无法配合完成评估		

续表

Ⅰ级目标	Ⅱ级目标	Ⅲ级目标	Ⅳ级目标	评估项目	评估材料	评估方法	评估指导语	评估标准	评估结果	备注
A1 个人生活	A1.5 自我认识	A1.5.3 能知道自己的姓名、性别、年龄等基本信息	A1.5.3.2 能说出或指出自己的性别	说出或指认自己的性别	男孩、女孩的图文卡片	1.观察法。教师及主要照顾者对学生的课堂及日常进行观察。 2.测验法。评估者询问评估对象。/评估者分别出示男孩、女孩的图文卡片，让评估对象指出自己的性别	评估者问："请问你是男孩还是女孩？"/评估者说："请你指一指你是男孩还是女孩。"	0分：不需要任何辅助即可说出或指出自己的性别，且用时较短、质量较好； 1分：不需要任何辅助即可说出或指出自己的性别，但用时较长或质量一般； 2分：仅需要提示或示范中的一种辅助即可说出或指出自己的性别； 3分：需要身体辅助方可指出自己的性别； 4分：在身体辅助下也不能指出自己的性别，或无法配合完成评估		
			A1.5.3.3 能说出或指出自己的年龄	说出或指认自己的年龄	年龄卡片	1.观察法。教师及主要照顾者对学生的课堂及日常进行观察。 2.测验法。评估者询问评估对象。/评估者出示年龄卡片，让评估对象指出自己的年龄	评估者问："请问你今年几岁了？"/评估者说："请你指一指你今年几岁了。"	0分：不需要任何辅助即可说出或指出自己的年龄，且用时较短、质量较好； 1分：不需要任何辅助即可说出或指出自己的年龄，但用时较长或质量一般； 2分：仅需要提示或示范中的一种辅助即可说出或指出自己的年龄； 3分：需要身体辅助方可指出自己的年龄； 4分：在身体辅助下也不能指出自己的年龄，或无法配合完成评估		

续表

Ⅰ级目标	Ⅱ级目标	Ⅲ级目标	Ⅳ级目标	评估项目	评估材料	评估方法	评估指导语	评估标准	评估结果	备注
A1 个人生活	A1.6 心理卫生	A1.6.1 能对身边的事物感兴趣	A1.6.1.1 能对身边刚刚发生的事情感兴趣	对身边刚刚发生的事情感兴趣	无	1.观察法。教师及主要照顾者对学生的课堂及日常进行观察。2.访谈法。访谈教师或主要照顾者	评估者问："请问××对身边刚刚发生的事情有没有兴趣？比如问妈妈'那边发生了什么事？刚刚谁打来了电话？'等。"	0分：总是能表现出对身边刚刚发生的事情感兴趣；1分：大部分时候能表现出对身边刚刚发生的事情感兴趣；2分：有时能表现出对身边刚刚发生的事情感兴趣，有时不能；3分：很少能表现出对身边刚刚发生的事情感兴趣；4分：几乎不能表现出对身边刚刚发生的事情感兴趣		
		A1.6.2 能表达自己的需求	A1.6.2.1 能用肢体动作或语言表达自己的生理需求	用肢体动作或语言表达自己的生理需求（如用手指向食物/碗表达想吃东西，或对妈妈说"我要喝水"）	无	1.观察法。教师及主要照顾者对学生的课堂及日常进行观察。2.访谈法。访谈教师或主要照顾者	评估者问："请问××能学习用肢体动作或语言表达自己的需求吗？比如用手指向食物/碗表达想吃东西，或对妈妈说'我要喝水'。"	0分：总是能用肢体动作或语言表达自己的生理需求；1分：大部分时候能用肢体动作或语言表达自己的生理需求；2分：有时能用肢体动作或语言表达自己的生理需求，有时不能；3分：很少能用肢体动作或语言表达自己的生理需求；4分：几乎不能用肢体动作或语言表达自己的生理需求		

续表

Ⅰ级目标	Ⅱ级目标	Ⅲ级目标	Ⅳ级目标	评估项目	评估材料	评估方法	评估指导语	评估标准	评估结果	备注
A1 个人生活	A1.6 心理卫生	A1.6.3 有交往的意愿	A1.6.3.1 能用语言或肢体动作表达与他人交往的意愿	用语言或肢体动作表达与他人交往的意愿	无	1.观察法。教师及主要照顾者对学生的课堂及日常进行观察。 2.访谈法。访谈教师或主要照顾者	评估者问："请问××平时会表现出想和他人玩耍吗？"	0分：总是能用语言或肢体动作表达与他人交往的意愿； 1分：大部分时候能用语言或肢体动作表达与他人交往的意愿； 2分：有时能用语言或肢体动作表达与他人交往的意愿，有时不能； 3分：很少能用语言或肢体动作表达与他人交往的意愿； 4分：几乎不能用语言或肢体动作表达与他人交往的意愿		
A2 家庭生活	A2.1 家庭关系	A2.1.1 学会正确称呼家庭主要成员	A2.1.1.1 能正确称呼家庭主要成员，会喊爸爸妈妈	正确称呼家庭主要成员（如爸爸、妈妈、哥哥、姐姐等）	无	1.观察法。教师及主要照顾者对学生的课堂及日常进行观察。 2.访谈法。访谈教师或主要照顾者	评估者问："请问××见到爸爸、妈妈、哥哥、姐姐等，能叫得对称呼吗？"	0分：总是能正确称呼家庭主要成员； 1分：大部分时候能正确称呼家庭主要成员； 2分：有时能正确称呼家庭主要成员，有时不能； 3分：很少能正确称呼家庭主要成员； 4分：几乎不能正确称呼家庭主要成员		

续表

Ⅰ级目标	Ⅱ级目标	Ⅲ级目标	Ⅳ级目标	评估项目	评估材料	评估方法	评估指导语	评估标准	评估结果	备注
A2 家庭生活	A2.1 家庭关系	A2.1.2 知道家庭主要成员的姓名、性别等信息	A2.1.2.1 能说出或指出家庭主要成员的姓名	说出或指出家庭主要成员的姓名（如爸爸妈妈的姓名）	无	1.观察法。教师及主要照顾者对学生的课堂及日常进行观察。2.访谈法。访谈教师或主要照顾者	评估者问："请问××知道爸爸妈妈的名字吗?比如能说出爸爸妈妈的名字或认识他们的名字。"	0分：总是能正确说出或指出家庭主要成员的姓名；1分：大部分时候能正确说出或指出家庭主要成员的姓名；2分：有时能正确说出或指出家庭主要成员的姓名，有时不能；3分：很少能正确说出或指出家庭主要成员的姓名；4分：几乎不能正确说出或指出家庭主要成员的姓名		
			A2.1.2.2 能说出或指出家庭主要成员的性别	说出或指出家庭主要成员的性别（如爸爸是男的，妈妈是女的）	男性、女性的图文卡片	1.观察法。教师及主要照顾者对学生的课堂及日常进行观察。2.测验法。评估者询问评估对象。/评估者分别拿出男性、女性的图文卡片，让评估对象指出爸爸妈妈的性别	评估者问："请问爸爸/妈妈是男的还是女的?"/评估者说："请你指一指爸爸/妈妈是男的还是女的。"	0分：不需要任何辅助即可说出或指出家庭主要成员的性别，且用时较短、质量较好；1分：不需要任何辅助即可说出或指出家庭主要成员的性别，但用时较长或质量一般；2分：仅需要提示或示范中的一种辅助即可说出或指出家庭主要成员的性别；3分：需要身体辅助方可指出家庭主要成员的性别；4分：在身体辅助下也不能指出家庭主要成员的性别，或无法配合完成评估		

续表

Ⅰ级目标	Ⅱ级目标	Ⅲ级目标	Ⅳ级目标	评估项目	评估材料	评估方法	评估指导语	评估标准	评估结果	备注
A2 家庭生活	A2.1 家庭关系	A2.1.3 能知道自己与家庭主要成员的关系	A2.1.3.1 能说出自己与家庭主要成员的关系	说出自己与家庭主要成员的关系（如我是爸爸的女儿、我是妈妈的儿子）	无	1.观察法。教师及主要照顾者对学生的课堂及日常进行观察。 2.测验法。询问评估对象	评估者问："你是爸爸/妈妈的谁?"	0分：总是能正确说出自己与家庭主要成员的关系； 1分：大部分时候能正确说出自己与家庭主要成员的关系； 2分：有时能正确说出自己与家庭主要成员的关系，有时不能； 3分：很少能正确说出自己与家庭主要成员的关系； 4分：几乎不能正确说出自己与家庭主要成员的关系		
		A2.1.4 能听从父母和长辈的教导	A2.1.4.1 能听从父母和长辈的话养成良好习惯	听从父母和长辈的话养成良好习惯（如听妈妈说多喝水、不爬高、认真写字等）	无	1.观察法。教师及主要照顾者对学生的课堂及日常进行观察。 2.访谈法。访谈教师或主要照顾者	评估者问："请问××平时能听从父母和长辈的话养成良好习惯吗？比如听妈妈说多喝水、不爬高、认真写字等。"	0分：总是能听从父母和长辈的话养成良好习惯； 1分：大部分时候能听从父母和长辈的话养成良好习惯； 2分：有时能听从父母和长辈的话养成良好习惯，有时不能； 3分：很少能听从父母和长辈的话养成良好习惯； 4分：几乎不能听从父母和长辈的话养成良好习惯		

续表

Ⅰ级目标	Ⅱ级目标	Ⅲ级目标	Ⅳ级目标	评估项目	评估材料	评估方法	评估指导语	评估标准	评估结果	备注
A2 家庭生活	A2.2 家庭责任	A2.2.1 能爱惜家具和物品	A2.2.1.1 懂得爱惜家具	懂得爱惜家具（如轻拿轻放、不乱涂乱画家具等）	无	1.观察法。教师及主要照顾者对学生的课堂及日常进行观察。 2.访谈法。访谈教师或主要照顾者	评估者问："请问××平时懂得爱惜家具吗？比如轻拿轻放、不乱涂乱画家具等。"	0分：总是懂得爱惜家具； 1分：大部分时候懂得爱惜家具； 2分：有时懂得爱惜家具，有时不懂； 3分：很少懂得爱惜家具； 4分：几乎不懂得爱惜家具		
			A2.2.1.2 懂得爱惜生活用品	懂得爱惜生活用品（如不乱按遥控器、不摔打玩具等）	无	1.观察法。教师及主要照顾者对学生的课堂及日常进行观察。 2.访谈法。访谈教师或主要照顾者	评估者问："请问××平时能懂得爱惜生活用品吗？比如不乱按遥控器、不摔打玩具等。"	0分：总是懂得爱惜生活用品； 1分：大部分时候懂得爱惜生活用品； 2分：有时懂得爱惜生活用品，有时不懂； 3分：很少懂得爱惜生活用品； 4分：几乎不懂得爱惜生活用品		
		A2.2.2 能爱护居家环境，保持干净	A2.2.2.1 能爱护家中环境，保持干净整齐	爱护家中环境，保持干净整齐（如保持地板干净、物品整齐）	无	1.观察法。教师及主要照顾者对学生的课堂及日常进行观察。 2.访谈法。访谈教师或主要照顾者	评估者问："请问××平时能爱护家中环境吗？比如保持地板干净、物品整齐。"	0分：总是能爱护家中环境，保持干净整齐； 1分：大部分时候能爱护家中环境，保持干净整齐； 2分：有时能爱护家中环境，保持干净整齐，有时不能； 3分：很少能爱护家中环境，保持干净整齐； 4分：几乎不能爱护家中环境，保持干净整齐		

续表

I 级目标	II 级目标	III 级目标	IV 级目标	评估项目	评估材料	评估方法	评估指导语	评估标准	评估结果	备注
A2 家庭生活	A2.2 家庭责任	A2.2.3 能分担力所能及的家务劳动	A2.2.3.1 能做一些力所能及的家务	做一些力所能及的家务（如扫地、擦桌子、扔垃圾）	无	1.观察法。教师及主要照顾者对学生的课堂及日常进行观察。 2.访谈法。访谈教师或主要照顾者	评估者问："请问××平时是否愿意做一些力所能及的家务?比如扫地、擦桌子、扔垃圾。"	0分：总是能做一些力所能及的家务； 1分：大部分时候能做一些力所能及的家务； 2分：有时能做一些力所能及的家务，有时不能； 3分：很少能做一些力所能及的家务； 4分：几乎不能做一些力所能及的家务		
		A2.2.4 能认识人民币，建立初步的健康消费意识	A2.2.4.1 能说出或指出常见的纸币	说出或指出常见的纸币（如1元、5元、10元）	1元、5元、10元、20元、50元、100元的纸币	1.观察法。教师及主要照顾者对学生的课堂及日常进行观察。 2.测验法。评估者分别向评估对象出示1元、5元、10元、20元、50元、100元的纸币，请评估对象说出或指出1元、5元、10元、20元、50元、100元	评估者问："这是几元?"/评估者说："请你指一指×元。"	0分：能说出或指出6种及以上常见的纸币； 1分：能说出或指出5种常见的纸币； 2分：能说出或指出4种常见的纸币； 3分：能说出或指出1~3种常见的纸币； 4分：不能说出或指出常见的纸币，或无法配合完全评估		

续表

Ⅰ级目标	Ⅱ级目标	Ⅲ级目标	Ⅳ级目标	评估项目	评估材料	评估方法	评估指导语	评估标准	评估结果	备注
A2 家庭生活	A2.2 家庭责任	A2.2.4 能认识人民币，建立初步的健康消费意识	A2.2.4.2 能说出或指出常见的硬币	说出或指出常见的硬币（如1角、5角、1元）	1角、5角、1元的硬币	1.观察法。教师及主要照顾者对学生的课堂及日常进行观察。 2.测验法。评估者分别向评估对象出示1角、5角、1元的硬币，请评估对象说出或指出1角、5角、1元	评估者问："这是几角/元？"/评估者说："请你指一指×角/元。"	0分：不需要任何辅助即可说出或指出常见的硬币，且用时较短、质量较好； 1分：不需要任何辅助即可说出或指出常见的硬币，但用时较长或质量一般； 2分：仅需要提示或示范中的一种辅助即可说出或指出常见的硬币； 3分：需要身体辅助方可指出常见的硬币； 4分：在身体辅助下也不能指出常见的硬币，或无法配合完成评估		
			A2.2.4.3 能适当地购买喜欢的玩具或零食	适当地购买喜欢的玩具或零食	无	1.观察法。教师及主要照顾者对学生的课堂及日常进行观察。 2.访谈法。访谈教师或主要照顾者	评估者问："请问××平时是否能适当地购买喜欢的玩具或零食？"	0分：总是能适当地购买喜欢的玩具或零食； 1分：大部分时候能适当地购买喜欢的玩具或零食； 2分：有时能适当地购买喜欢的玩具或零食，有时不能； 3分：很少能适当地购买喜欢的玩具或零食； 4分：几乎不能适当地购买喜欢的玩具或零食		

续表

Ⅰ级目标	Ⅱ级目标	Ⅲ级目标	Ⅳ级目标	评估项目	评估材料	评估方法	评估指导语	评估标准	评估结果	备注
A2 家庭生活	A2.3 居家安全	A2.3.1 能知道自己的居住地址、家人电话及周边环境	A2.3.1.1 能说出或指认自己家的地址	说出或指认自己家的地址（如在外出时能自己找到回家的路）	无	1.观察法。教师及主要照顾者对学生的课堂及日常进行观察。 2.访谈法。访谈教师或主要照顾者	评估者问："请问××能说出或指认自己家的地址吗？比如在外出时能自己找到回家的路。"	0分：总是能说出或指认自己家的地址； 1分：大部分时候能说出或指认自己家的地址； 2分：有时能说出或指认自己家的地址，有时不能； 3分：很少能说出或指认自己家的地址； 4分：几乎不能说出或指认自己家的地址		
			A2.3.1.2 能说出或写出自己家人的电话号码	说出或写出自己家人的电话号码（如爸爸、妈妈、爷爷、奶奶等的电话号码）	纸、笔	1.观察法。教师及主要照顾者对学生的课堂及日常进行观察。 2.测验法。评估者询问评估对象家人的电话号码。/评估者出示纸和笔，让评估对象写出爸爸/妈妈/爷爷/奶奶的电话号码	评估者问："你爸爸/妈妈/爷爷/奶奶的电话号码是多少?"/评估者说："请你写出爸爸/妈妈/爷爷/奶奶的电话号码。"	0分：总是能说出或写出自己家人的电话号码； 1分：大部分时候能说出或写出自己家人的电话号码； 2分：有时能说出或写出自己家人的电话号码，有时不能； 3分：很少能说出或写出自己家人的电话号码； 4分：几乎不能说出或写出自己家人的电话号码		

续表

Ⅰ级目标	Ⅱ级目标	Ⅲ级目标	Ⅳ级目标	评估项目	评估材料	评估方法	评估指导语	评估标准	评估结果	备注
A2 家庭生活	A2.3 居家安全	A2.3.1 能知道自己的居住地址、家人电话及周边环境	A2.3.1.3 能说出自己家的周边环境或能按要求去自己家周边指定地点	说出自己家的周边环境或能按要求去自己家周边指定地点（如家附近的小卖部、公园、医院、超市）	无	1.观察法。教师及主要照顾者对学生的课堂及日常进行观察。 2.访谈法。访谈教师或主要照顾者	评估者问："请问××能说出自己家的周边环境或能按要求去自己家周边指定地点吗？比如家附近的小卖部、公园、医院、超市。"	0分：总是能说出自己家的周边环境或能按要求去自己家周边指定地点； 1分：大部分时候能说出自己家的周边环境或能按要求去自己家周边指定地点； 2分：有时能说出自己家的周边环境或能按要求去自己家周边指定地点，有时不能； 3分：很少能说出自己家的周边环境或能按要求去自己家周边指定地点； 4分：几乎不能说出自己家的周边环境或不能按要求去自己家周边指定地点		
		A2.3.2 能知道家中居室的名称及功能	A2.3.2.1 能说出或指出家中居室的名称	说出或指出家中居室的名称（如卧室、书房、客厅、厨房、厕所）	卧室、书房、客厅、厨房、厕所的图片	1.观察法。教师及主要照顾者对学生的课堂及日常进行观察。 2.测验法。评估者分别向评估对象出示卧室、书房、客厅、厨房、厕所的图片，让评估对象说出居室的名称。/可以让评估对象指认图片	评估者问："这是哪里？"/评估者说："请你指出卧室/书房/客厅/厨房/厕所。"	0分：能说出或指出5种及以上家中居室名称； 1分：能说出或指出4种家中居室名称； 2分：能说出或指出3种家中居室名称； 3分：能说出或指出1～2种家中居室名称； 4分：不能说出或指出家中居室名称，或无法配合完全评估		

续表

Ⅰ级目标	Ⅱ级目标	Ⅲ级目标	Ⅳ级目标	评估项目	评估材料	评估方法	评估指导语	评估标准	评估结果	备注
A2 家庭生活	A2.3 居家安全	A2.3.2 能知道家中居室的名称及功能	A2.3.2.2 能说出家中居室的功能或根据功能指出对应的家中居室	说出家中居室的功能或根据功能指出对应的家中居室（如厨房是用来做饭的、卧室是用来睡觉的）	卧室、书房、客厅、厨房、厕所的图片	1.观察法。教师及主要照顾者对学生的课堂及日常进行观察。2.测验法。评估者分别向评估对象出示卧室、书房、客厅、厨房、厕所的图片，让评估对象说出家中居室的功能。/可以让评估对象指认图片	评估者问："卧室/书房/客厅/厨房/厕所是做什么用的？"/评估者说："请你指出哪个是用来睡觉的/学习的/看电视的/做饭的/上厕所的。"	0分：能说出或指出5种及以上家中居室功能；1分：能说出或指出4种家中居室功能；2分：能说出或指出3种家中居室功能；3分：能说出或指出1~2种家中居室功能；4分：不能说出或指出家中居室功能，或无法配合完全评估		
		A2.3.3 能学会安全使用家中的基本设施	A2.3.3.1 能安全使用水龙头、开关、插座	安全使用水龙头、开关、插座（如使用完水龙头能及时关闭、不随意按压开关、不玩插座）	无	1.观察法。教师及主要照顾者对学生的课堂及日常进行观察。2.访谈法。访谈教师或主要照顾者	评估者问："请问××是否能安全使用家中的水龙头、开关、插座？比如使用完水龙头能及时关闭/不随意按压开关/不玩插座。"	0分：总是能安全使用水龙头、开关、插座；1分：大部分时候能安全使用水龙头、开关、插座；2分：有时能安全使用水龙头、开关、插座，有时不能；3分：很少能安全使用水龙头、开关、插座；4分：几乎不能安全使用水龙头、开关、插座		

续表

Ⅰ级目标	Ⅱ级目标	Ⅲ级目标	Ⅳ级目标	评估项目	评估材料	评估方法	评估指导语	评估标准	评估结果	备注
A2 家庭生活	A2.3 居家安全	A2.3.4 能在遇到困难或意外时向家人、邻居求助	A2.3.4.1 能在遇到困难或意外时用肢体动作或语言向家人求助	在遇到困难或意外时能用肢体动作或语言向家人求助（如用指一指等肢体动作表达想要拿高处的东西，或对妈妈说"帮我拿柜子上的饼干"，或遇到危险时大声呼喊家人）	无	1.观察法。教师及主要照顾者对学生的课堂及日常进行观察。 2.访谈法。访谈教师或主要照顾者	评估者问："请问××在遇到困难或意外时能用肢体动作或语言向家人求助吗？比如用指一指等肢体动作表达想要拿高处的东西/对妈妈说'帮我拿柜子上的饼干'/遇到危险时大声呼喊家人。"	**0分**：总是能在遇到困难或意外时用肢体动作或语言向家人求助； **1分**：大部分时候能在遇到困难或意外时用肢体动作或语言向家人求助； **2分**：有时能在遇到困难或意外时用肢体动作或语言向家人求助，有时不能； **3分**：很少能在遇到困难或意外时用肢体动作或语言向家人求助； **4分**：几乎不能在遇到困难或意外时用肢体动作或语言向家人求助		
			A2.3.4.2 能在遇到困难或意外时用肢体动作或语言向邻居求助	在遇到困难或意外时能用肢体动作或语言向邻居求助（如找邻居来家里帮忙、遇到危险时大声呼喊邻居）	无	1.观察法。教师及主要照顾者对学生的课堂及日常进行观察。 2.访谈法。访谈教师或主要照顾者	评估者问："请问××在遇到困难或意外时能用肢体动作或语言向邻居求助吗？比如找邻居来家里帮忙/遇到危险时大声呼喊邻居。"	**0分**：总是能在遇到困难或意外时用肢体动作或语言向邻居求助； **1分**：大部分时候能在遇到困难或意外时用肢体动作或语言向邻居求助； **2分**：有时能在遇到困难或意外时用肢体动作或语言向邻居求助，有时不能； **3分**：很少能在遇到困难或意外时用肢体动作或语言向邻居求助； **4分**：几乎不能在遇到困难或意外时用肢体动作或语言向邻居求助		

续表

Ⅰ级目标	Ⅱ级目标	Ⅲ级目标	Ⅳ级目标	评估项目	评估材料	评估方法	评估指导语	评估标准	评估结果	备注
A2 家庭生活	A2.3 居家安全	A2.3.5 能知道并远离家中的安全隐患	A2.3.5.1 能说出或指出家中的安全隐患	说出或指出家中的安全隐患（如破损的电线、没有防盗网的窗、放置不稳的物品）	无	1.观察法。教师及主要照顾者对学生的课堂及日常进行观察。2.访谈法。访谈教师或主要照顾者	评估者问："请问××平时能说出或指出家中的安全隐患吗？"	0分：总是能说出或指出家中的安全隐患；1分：大部分时候能说出或指出家中的安全隐患；2分：有时能说出或指出家中的安全隐患，有时不能；3分：很少能说出或指出家中的安全隐患；4分：几乎不能说出或指出家中的安全隐患		
			A2.3.5.2 能不触碰家中的安全隐患	不触碰家中的安全隐患（如不在家里随意玩火及刀具、不乱碰带电的插座等）	无	1.观察法。教师及主要照顾者对学生的课堂及日常进行观察。2.访谈法。访谈教师或主要照顾者	评估者问："请问××平时是否能不触碰家中的安全隐患？"	0分：总是能不触碰家中的安全隐患；1分：大部分时候能不触碰家中的安全隐患；2分：有时能不触碰家中的安全隐患，有时不能；3分：很少能不触碰家中的安全隐患；4分：几乎不能不触碰家中的安全隐患		
A3 学校生活	A3.1 人际交往	A3.1.1 能认识班主任、班级老师、学校工作人员	A3.1.1.1 能认出自己的班主任	认出自己的班主任	无	1.观察法。教师及主要照顾者对学生的课堂及日常进行观察。2.访谈法。访谈教师或主要照顾者	评估者问："请问××能认出自己的班主任吗？"	0分：总是能认出自己的班主任；1分：大部分时候能认出自己的班主任；2分：有时能认出自己的班主任，有时不能；3分：很少能认出自己的班主任；4分：几乎不能认出自己的班主任		

续表

Ⅰ级目标	Ⅱ级目标	Ⅲ级目标	Ⅳ级目标	评估项目	评估材料	评估方法	评估指导语	评估标准	评估结果	备注
A3 学校生活	A3.1 人际交往	A3.1.1 能认识班主任、班级老师、学校工作人员	A3.1.1.2 能认出自己的班级老师	认出自己的班级老师（如生活语文老师、生活数学老师）	无	1.观察法。教师及主要照顾者对学生的课堂及日常进行观察。 2.访谈法。访谈教师或主要照顾者	评估者问："请问××能认出自己的班级老师吗？比如生活语文老师、生活数学老师。"	0分：总是能认出自己的班级老师； 1分：大部分时候能认出自己的班级老师； 2分：有时能认出自己的班级老师，有时不能； 3分：很少能认出自己的班级老师； 4分：几乎不能认出自己的班级老师		
			A3.1.1.3 能认出学校工作人员	认出学校工作人员（如保洁员、保安）	无	1.观察法。教师及主要照顾者对学生的课堂及日常进行观察。 2.访谈法。访谈教师或主要照顾者	评估者问："请问××能认出学校工作人员吗?比如保洁员、保安。"	0分：总是能认出学校工作人员； 1分：大部分时候能认出学校工作人员； 2分：有时能认出学校工作人员，有时不能； 3分：很少能认出学校工作人员； 4分：几乎不能认出学校工作人员		
		A3.1.2 能认识班级同学，记住名字，能分辨同学性别	A3.1.2.1 能认出班级同学	认出班级同学	无	1.观察法。教师及主要照顾者对学生的课堂及日常进行观察。 2.访谈法。访谈教师或主要照顾者	评估者问："请问××认识班里的同学吗？"	0分：总是能认出班级同学； 1分：大部分时候能认出班级同学； 2分：有时能认出班级同学，有时不能； 3分：很少能认出班级同学； 4分：几乎不能认出班级同学		

续表

Ⅰ级目标	Ⅱ级目标	Ⅲ级目标	Ⅳ级目标	评估项目	评估材料	评估方法	评估指导语	评估标准	评估结果	备注
A3 学校生活	A3.1 人际交往	A3.1.2 能认识班级同学，记住名字，能分辨同学性别	A3.1.2.2 能说出或认出班级同学的名字	说出或认出班级同学的名字	无	1.观察法。教师及主要照顾者对学生的课堂及日常进行观察。 2.访谈法。访谈教师或主要照顾者	评估者问："请问××能说出或认出班里同学的名字吗？"	0分：总是能说出或认出班级同学的名字； 1分：大部分时候能说出或认出班级同学的名字； 2分：有时能说出或认出班级同学的名字，有时不能； 3分：很少能说出或认出班级同学的名字； 4分：几乎不能说出或认出班级同学的名字		
			A3.1.2.3 能说出或指出班级同学的性别	说出或指出班级同学的性别	男孩/女孩的图文卡片、班级同学花名册	1.观察法。教师及主要照顾者对学生的课堂及日常进行观察。 2.测验法。评估者让评估对象说出班级同学的性别。/评估者出示男孩/女孩的图文卡片、班级同学花名册，让评估对象根据班级同学的名字指出男孩/女孩的图文卡片	评估者问："××是男孩还是女孩？"/评估者说："请你指出××是男孩还是女孩。"	0分：不需要任何辅助即可说出或指出班级同学的性别，且用时较短、质量较好； 1分：不需要任何辅助即可说出或指出班级同学的性别，但用时较长或质量一般； 2分：仅需要提示或示范中的一种辅助即可说出或指出班级同学的性别； 3分：需要身体辅助方可指出班级同学的性别； 4分：在身体辅助下也不能指出班级同学的性别，或无法配合完成评估		

续表

Ⅰ级目标	Ⅱ级目标	Ⅲ级目标	Ⅳ级目标	评估项目	评估材料	评估方法	评估指导语	评估标准	评估结果	备注
A3 学校生活	A3.1 人际交往	A3.1.3 愿意和老师、同学交往，会使用礼貌用语	A3.1.3.1 能和老师、同学交流互动	和老师、同学交流互动	无	1.观察法。教师及主要照顾者对学生的课堂及日常进行观察。 2.访谈法。访谈教师或主要照顾者	评估者问："请问××平时愿意和老师、同学说话、玩耍吗?"	**0分**：总是能和老师、同学交流互动； **1分**：大部分时候能和老师、同学交流互动； **2分**：有时能和老师、同学交流互动，有时不能； **3分**：很少能和老师、同学交流互动； **4分**：几乎不能和老师、同学交流互动		
			A3.1.3.2 在学校的日常交往中会用礼貌用语	在学校的日常交往中会用礼貌用语	无	1.观察法。教师及主要照顾者对学生的课堂及日常进行观察。 2.访谈法。访谈教师或主要照顾者	评估者问："请问××在学校的日常生活中会用礼貌用语吗？比如你好、请坐、谢谢、对不起、再见。"	**0分**：总是会用礼貌用语； **1分**：大部分时候会用礼貌用语； **2分**：有时会用礼貌用语，有时不会； **3分**：很少会用礼貌用语； **4分**：几乎不会用礼貌用语		

续表

Ⅰ级目标	Ⅱ级目标	Ⅲ级目标	Ⅳ级目标	评估项目	评估材料	评估方法	评估指导语	评估标准	评估结果	备注
A3 学校 生活	A3.1 人际 交往	A3.1.4 知道老师工作的辛苦，听从老师的教导	A3.1.4.1 能用语言或行动去体谅老师工作的辛苦	用语言或行动去体谅老师工作的辛苦（如对老师说"老师，您辛苦了"、帮老师擦黑板）	无	1.观察法。教师及主要照顾者对学生的课堂及日常进行观察。 2.访谈法。访谈教师或主要照顾者	评估者问："请问××平时会帮老师做如擦黑板的事情吗? 或者会说'老师，您辛苦了'等话语吗?"	0分：总是能用语言或行动去体谅老师工作的辛苦； 1分：大部分时候能用语言或行动去体谅老师工作的辛苦； 2分：有时能用语言或行动去体谅老师工作的辛苦，有时不能； 3分：很少能用语言或行动去体谅老师工作的辛苦； 4分：几乎不能用语言或行动去体谅老师工作的辛苦		
			A3.1.4.2 能接受老师的教育和批评	接受老师的教育和批评（如遵守课堂纪律、认真完成作业、老师批评后能知错就改）	无	1.观察法。教师及主要照顾者对学生的课堂及日常进行观察。 2.访谈法。访谈教师或主要照顾者	评估者问："请问××平时能接受老师的教育和批评吗? 比如遵守课堂纪律、认真完成作业、老师批评后能知错就改。"	0分：总是能接受老师的教育和批评； 1分：大部分时候能接受老师的教育和批评； 2分：有时能接受老师的教育和批评，有时不能； 3分：很少能接受老师的教育和批评； 4分：几乎不能接受老师的教育和批评		

续表

Ⅰ级目标	Ⅱ级目标	Ⅲ级目标	Ⅳ级目标	评估项目	评估材料	评估方法	评估指导语	评估标准	评估结果	备注
A3 学校生活	A3.2 校园安全	A3.2.1 能认识自己班的教室及与自己相关的场所，了解其功能	A3.2.1.1 能说出或按要求去自己班的教室及相关的场所	说出或按要求去自己班的教室及相关的场所（如本班教室、学校厕所、操场）	无	1.观察法。教师及主要照顾者对学生的课堂及日常进行观察。2.访谈法。访谈教师或主要照顾者	评估者问："请问××能说出教室和相关的场所吗？比如自己班的教室、学校厕所、操场。或者能按要求去这些地方吗？"	0分：总是能说出或按要求去自己班的教室及相关的场所；1分：大部分时候能说出或按要求去自己班的教室及相关的场所；2分：有时能说出或按要求去自己班的教室及相关的场所，有时不能；3分：很少能说出或按要求去自己班的教室及相关的场所；4分：几乎不能说出或按要求去自己班的教室及相关的场所		
			A3.2.1.2 能说出教室及相关场所的功能或根据功能指出对应的场所	说出教室及相关场所的功能或根据功能指出对应的场所（如教室用来上课；厕所用来大小便；操场用来做操、运动）	教室、厕所、操场的图片	1.观察法。教师及主要照顾者对学生的课堂及日常进行观察。2.测验法。评估者分别向评估对象出示教室、厕所、操场的图片，并要求评估对象说出以上场所的功能。/评估者说出以上场所的功能，让评估对象从图片中指出对应的场所	评估者问："教室/厕所/操场是做什么的？"/评估者说："请你指出哪个地方是上课/大小便/做操或运动的。"	0分：不需要任何辅助即可说出教室及相关场所的功能或根据功能指出对应的场所，且用时较短、质量较好；1分：不需要任何辅助即可说出教室及相关场所的功能或根据功能指出对应的场所，但用时较长或质量一般；2分：仅需要提示或示范中的一种辅助即可说出教室及相关场所的功能或根据功能指出对应的场所；3分：需要身体辅助方可根据功能指出对应的场所；4分：在身体辅助下也不能根据功能指出对应的场所，或无法配合完成评估		

续表

Ⅰ级目标	Ⅱ级目标	Ⅲ级目标	Ⅳ级目标	评估项目	评估材料	评估方法	评估指导语	评估标准	评估结果	备注
A3 学校生活	A3.2 校园安全	A3.2.2 知道学校地址、校长姓名、班主任姓名和电话号码等	A3.2.2.1 能说出或指出学校的地址	说出或指出学校的地址（如在外出时能自己找到回学校的路）	无	1.观察法。教师及主要照顾者对学生的课堂及日常进行观察。2.访谈法。访谈教师或主要照顾者	评估者问："请问××能说出或指出学校的地址吗？比如在外出时能自己找到回学校的路。"	0分：总是能说出或指出学校的地址；1分：大部分时候能说出或指出学校的地址；2分：有时能说出或指出学校的地址，有时不能；3分：很少能说出或指出学校的地址；4分：几乎不能说出或指出学校的地址		
			A3.2.2.2 能说出或指出校长的姓名	说出或指出校长的姓名	无	1.观察法。教师及主要照顾者对学生的课堂及日常进行观察。2.访谈法。访谈教师或主要照顾者	评估者问："请问××能说出或指出校长的姓名吗？"	0分：总是能说出或指出校长的姓名；1分：大部分时候能说出或指出校长的姓名；2分：有时能说出或指出校长的姓名，有时不能；3分：很少能说出或指出校长的姓名；4分：几乎不能说出或指出校长的姓名		
			A3.2.2.3 能说出或指出班主任的姓名	说出或指出班主任的姓名	无	1.观察法。教师及主要照顾者对学生的课堂及日常进行观察。2.访谈法。访谈教师或主要照顾者	评估者问："请问××能说出或指出班主任的姓名吗？"	0分：总是能说出或指出班主任的姓名；1分：大部分时候能说出或指出班主任的姓名；2分：有时能说出或指出班主任的姓名，有时不能；3分：很少能说出或指出班主任的姓名；4分：几乎不能说出或指出班主任的姓名		

续表

I级目标	II级目标	III级目标	IV级目标	评估项目	评估材料	评估方法	评估指导语	评估标准	评估结果	备注
A3 学校生活	A3.2 校园安全	A3.2.2.3 能说出或指出班主任的姓名	A3.2.2.4 能说出或写出班主任的电话号码	说出或写出班主任的电话号码	纸、笔	1.观察法。教师及主要照顾者对学生的课堂及日常进行观察。 2.测验法。评估者询问评估对象班主任的电话号码，或请评估对象写出班主任的电话号码	评估者问："你班主任的电话号码是多少？"/评估者说："请你写出班主任的电话号码。"	0分：总是能说出或写出班主任的电话号码； 1分：大部分时候能说出或写出班主任的电话号码； 2分：有时能说出或写出班主任的电话号码，有时不能； 3分：很少能说出或写出班主任的电话号码； 4分：几乎不能说出或写出班主任的电话号码		
		A3.2.3 能认识校园内主要的安全标识，形成安全意识	A3.2.3.1 能说出或指出校园内主要的安全标识	说出或指出校园内主要的安全标识（如"安全出口""有电危险""小心地滑"等标识）	"安全出口""有电危险""小心地滑"等图卡	1.观察法。教师及主要照顾者对学生的课堂及日常进行观察。 2.测验法。评估者向评估对象出示"安全出口""有电危险""小心地滑"等图片，并询问评估对象这是什么标识。/评估者出示"安全出口""有电危险""小心地滑"等图卡，要求评估对象指出对应的图卡	评估者问："这是什么标识？"/评估者说："请你指出哪个是'安全出口'/'有电危险'/'小心地滑'的图卡。"	0分：能说出或指出5种及以上校园内主要安全标识； 1分：能说出或指出4种校园内主要安全标识； 2分：能说出或指出3种校园内主要安全标识； 3分：能说出或指出1～2种校园内主要安全标识； 4分：不能说出或指出校园内主要安全标识，或无法配合完全评估		

续表

Ⅰ级目标	Ⅱ级目标	Ⅲ级目标	Ⅳ级目标	评估项目	评估材料	评估方法	评估指导语	评估标准	评估结果	备注
A3 学校生活	A3.2 校园安全	A3.2.3 能认识校园内主要的安全标识，形成安全意识	A3.2.3.2 能有逃生意识和知道学校存在的安全隐患	有逃生意识和知道学校存在的安全隐患（如知道学校的逃生路线、知道不能攀爬门窗、知道不能追逐打闹）	无	1.观察法。教师及主要照顾者对学生的课堂及日常进行观察。 2.访谈法。访谈教师或主要照顾者	评估者问："请问××有逃生意识和知道学校存在的安全隐患吗？比如知道学校的逃生路线、知道不能攀爬门窗、知道不能追逐打闹。"	0分：总是有逃生意识和知道学校存在的安全隐患； 1分：大部分时候有逃生意识和知道学校存在的安全隐患； 2分：有时有逃生意识和知道学校存在的安全隐患； 3分：很少有逃生意识和知道学校存在的安全隐患； 4分：几乎没有逃生意识和不知道学校存在的安全隐患		
		A3.2.4 能爱护校园公用设施，保持校园环境整洁	A3.2.4.1 能正确使用校园公用设施	正确使用校园公用设施（如无障碍设施、垃圾桶、饮水机、桌椅）	无	1.观察法。教师及主要照顾者对学生的课堂及日常进行观察。 2.访谈法。访谈教师或主要照顾者	评估者问："请问××会正确使用校园公用设施吗？如无障碍设施、垃圾桶、饮水机、桌椅。"	0分：总是能正确使用校园公用设施； 1分：大部分时候能正确使用校园公用设施； 2分：有时能正确使用校园公用设施，有时不能； 3分：很少能正确使用校园公用设施； 4分：几乎不能正确使用校园公用设施		

续表

Ⅰ级目标	Ⅱ级目标	Ⅲ级目标	Ⅳ级目标	评估项目	评估材料	评估方法	评估指导语	评估标准	评估结果	备注
A3 学校生活	A3.2 校园安全	A3.2.4 能爱护校园公用设施，保持校园环境整洁	A3.2.4.2 能爱护校园环境，保持校园干净整洁	爱护校园环境，保持校园干净整洁（如不乱丢垃圾、会垃圾分类、爱护花草）	无	1.观察法。教师及主要照顾者对学生的课堂及日常进行观察。2.访谈法。访谈教师或主要照顾者	评估者问："请问××能爱护校园环境，保持校园干净整洁吗？比如不乱丢垃圾、会垃圾分类、爱护花草。"	0分：总是能爱护校园环境，保持校园干净整洁；1分：大部分时候能爱护校园环境，保持校园干净整洁；2分：有时能爱护校园环境，保持校园干净整洁，有时不能；3分：很少能爱护校园环境，保持校园干净整洁；4分：几乎不能爱护校园环境，保持校园干净整洁		
	A3.3 学习活动	A3.3.1 能了解学校一天的安排，愿意参与学校活动	A3.3.1.1 能说出或指出学校一天的日程表	说出或指出学校一天的日程表（如上学、上课、放学的时间，课程内容）	学校一天的日程表	1.观察法。教师及主要照顾者对学生的课堂及日常进行观察。2.测验法。评估者出示学校一天的日程表，让评估对象说出或指出学校一天的日程表内容。/评估者说出日程表上的内容，要求评估对象指出对应的内容	评估者说："请你说一说上学、放学的时间/今天有什么课。"/评估者说："请你指一指上学、放学的时间/星期一的生活语文课/星期二的生活数学课。"	0分：不需要任何辅助即可说出或指出学校一天的日程表，且用时较短、质量较好；1分：不需要任何辅助即可说出或指出学校一天的日程表，但用时较长或质量一般；2分：仅需要提示或示范中的一种辅助即可说出或指出学校一天的日程表；3分：需要身体辅助方可指出学校一天的日程表；4分：在身体辅助下也不能指出学校一天的日程表，或无法配合完成评估		

续表

Ⅰ级目标	Ⅱ级目标	Ⅲ级目标	Ⅳ级目标	评估项目	评估材料	评估方法	评估指导语	评估标准	评估结果	备注
A3 学校生活	A3.3 学习活动	A3.3.1 能了解学校一天的安排，愿意参与学校活动	A3.3.1.2 能配合参与学校活动和互动	配合参与学校活动和互动	无	1.观察法。教师及主要照顾者对学生的课堂及日常进行观察。 2.访谈法。访谈教师或主要照顾者	评估者问："请问××能配合参加学校活动，在活动中跟别人互动吗?"	0分：总是能配合参与学校活动和互动； 1分：大部分时候能配合参与学校活动和互动； 2分：有时能配合参与学校活动和互动，有时不能； 3分：很少能配合参与学校活动和互动； 4分：几乎不能配合参与学校活动和互动		
		A3.3.2 能认识和爱护自己的学习用品	A3.3.2.1 能说出或指认自己的学习用品（如笔、文具盒、书包）	说出或指认自己的学习用品（如笔、文具盒、书包）	无	1.观察法。教师及主要照顾者对学生的课堂及日常进行观察。 2.访谈法。访谈教师或主要照顾者	评估者问："请问××在学校或家里能说出或指认自己的学习用品吗？比如笔、文具盒、书包。"	0分：总是能说出或指认自己的学习用品； 1分：大部分时候能说出或指认自己的学习用品； 2分：有时能说出或指认自己的学习用品，有时不能； 3分：很少能说出或指认自己的学习用品； 4分：几乎不能说出或指认自己的学习用品		
			A3.3.2.2 能正确使用自己的学习用品	正确使用自己的学习用品（如笔、作业本、文具盒、书包）	无	1.观察法。教师及主要照顾者对学生的课堂及日常进行观察。 2.访谈法。访谈教师或主要照顾者	评估者问："请问××在学校或家里能正确使用自己的学习用品吗？比如笔、作业本、文具盒、书包。"	0分：总是能正确使用自己的学习用品； 1分：大部分时候能正确使用自己的学习用品； 2分：有时能正确使用自己的学习用品，有时不能； 3分：很少能正确使用自己的学习用品； 4分：几乎不能正确使用自己的学习用品		

续表

Ⅰ级目标	Ⅱ级目标	Ⅲ级目标	Ⅳ级目标	评估项目	评估材料	评估方法	评估指导语	评估标准	评估结果	备注
A3 学校生活	A3.3 学习活动	A3.3.3 能遵守纪律，养成基本的学习习惯	A3.3.3.1 能遵守课堂纪律	遵守课堂纪律（如上课时不乱跑、不乱说话）	无	1.观察法。教师及主要照顾者对学生的课堂及日常进行观察。2.访谈法。访谈教师或主要照顾者	评估者问："请问××上课时能遵守课堂纪律吗？比如上课时不乱跑、不乱说话。"	0分：总是能遵守课堂纪律；1分：大部分时候能遵守课堂纪律；2分：有时能遵守课堂纪律，有时不能；3分：很少能遵守课堂纪律；4分：几乎不能遵守课堂纪律		
			A3.3.3.2 能养成良好的学习习惯	养成良好的学习习惯（阅读、书写姿势正确）	无	1.观察法。教师及主要照顾者对学生的课堂及日常进行观察。2.访谈法。访谈教师或主要照顾者	评估者问："请问××看书、写字时能保持正确的姿势吗？"	0分：总是能养成良好的学习习惯；1分：大部分时候能养成良好的学习习惯；2分：有时能养成良好的学习习惯，有时不能；3分：很少能养成良好的学习习惯；4分：几乎不能养成良好的学习习惯		

续表

Ⅰ级目标	Ⅱ级目标	Ⅲ级目标	Ⅳ级目标	评估项目	评估材料	评估方法	评估指导语	评估标准	评估结果	备注
A3 学校生活	A3.3 学习活动	A3.3.4 了解少先队相关知识，积极参加少先队活动	A3.3.4.1 能说出或指出红领巾	说出或指出红领巾	红领巾实物或图片	1.观察法。教师及主要照顾者对学生的课堂及日常进行观察。 2.测验法。评估者出示红领巾实物或图片，让评估对象说出或指出红领巾	评估者问："这是什么？"/评估者说："请你指一指红领巾。"	0分：不需要任何辅助即可说出或指出红领巾，且用时较短、质量较好； 1分：不需要任何辅助即可说出或指出红领巾，但用时较长或质量一般； 2分：仅需要提示或示范中的一种辅助即可说出或指出红领巾； 3分：需要身体辅助方可指出红领巾； 4分：在身体辅助下也不能指出红领巾，或无法配合完成评估		
			A3.3.4.2 能积极参加少先队活动	积极参加少先队活动（如积极参加公墓祭扫、社区清洁等）	无	1.观察法。教师及主要照顾者对学生的课堂及日常进行观察。 2.访谈法。访谈教师或主要照顾者	评估者问："请问××平时能积极参加少先队活动吗？比如参加公墓祭扫、社区清洁。"	0分：总是能积极参加少先队活动； 1分：大部分时候能积极参加少先队活动； 2分：有时能积极参加少先队活动，有时不能； 3分：很少能积极参加少先队活动； 4分：几乎不参加少先队活动		

续表

Ⅰ级目标	Ⅱ级目标	Ⅲ级目标	Ⅳ级目标	评估项目	评估材料	评估方法	评估指导语	评估标准	评估结果	备注
A4 社区生活	A4.1 认识社区	A4.1.1 能认识邻里，能向邻居问好	A4.1.1.1 能指认出自己的邻居	指认出自己的邻居（如某阿姨、某叔叔、某爷爷、某奶奶）	无	1.观察法。教师及主要照顾者对学生的课堂及日常进行观察。2.访谈法。访谈教师或主要照顾者	评估者问："请问××平时能认出自己的邻居吗?比如会认出某阿姨、某叔叔、某爷爷、某奶奶。"	0分：总是能指认出自己的邻居；1分：大部分时候能指认出自己的邻居；2分：有时能指认出自己的邻居，有时不能；3分：很少能指认出自己的邻居；4分：几乎不能指认出自己的邻居		
			A4.1.1.2 能通过语言或手势向邻居打招呼问好	通过语言或手势向邻居打招呼问好	无	1.观察法。教师及主要照顾者对学生的课堂及日常进行观察。2.测验法。请评估对象向评估者用语言/手势打招呼问好	评估者说："××，和老师打个招呼吧。"	0分：不需要任何辅助即可通过语言或手势向邻居打招呼问好，且用时较短、质量较好；1分：不需要任何辅助即可通过语言或手势向邻居打招呼问好，但用时较长或质量一般；2分：仅需要提示或示范中的一种辅助即可通过语言或手势向邻居打招呼问好；3分：需要身体辅助方可通过手势向邻居打招呼问好；4分：在身体辅助下也不能通过手势向邻居打招呼问好，或无法配合完成评估		

续表

Ⅰ级目标	Ⅱ级目标	Ⅲ级目标	Ⅳ级目标	评估项目	评估材料	评估方法	评估指导语	评估标准	评估结果	备注
A4 社区生活	A4.1 认识社区	A4.1.2 知道社区周边重要标志物	A4.1.2.1 能说出或按要求去社区周边重要场所	说出或按要求去社区周边重要场所（如超市、电影院、饭店、派出所）	无	1.观察法。教师及主要照顾者对学生的课堂及日常进行观察。2.访谈法。访谈教师或主要照顾者	评估者问："请问××能说出或按要求去社区周边重要场所吗？比如超市、电影院、饭店、派出所。"	0分：总是能说出或按要求去社区周边重要场所；1分：大部分时候能说出或按要求去社区周边重要场所；2分：有时能说出或按要求去社区周边重要场所，有时不能；3分：很少能说出或按要求去社区周边重要场所；4分：几乎不能说出或按要求去社区周边重要场所		
		A4.1.3 知道自己家所属的社区	A4.1.3.1 能说出自己家所属社区的名称	说出自己家所属社区的名称	无	1.观察法。教师及主要照顾者对学生的课堂及日常进行观察。2.访谈法。访谈教师或主要照顾者	评估者问："请问××能说出他家属于哪个社区吗？"	0分：总是能说出自己家所属社区的名称；1分：大部分时候能说出自己家所属社区的名称；2分：有时能说出自己家所属社区的名称，有时不能；3分：很少能说出自己家所属社区的名称；4分：几乎不能说出自己家所属社区的名称		
	A4.2 利用社区	A4.2.1 能不乱扔垃圾，保护社区环境	A4.2.1.1 能将垃圾丢到垃圾桶或垃圾箱	将垃圾丢到垃圾桶或垃圾箱	无	1.观察法。教师及主要照顾者对学生的课堂及日常进行观察。2.访谈法。访谈教师或主要照顾者	评估者问："请问××能做到将垃圾丢到垃圾桶或垃圾箱吗？"	0分：总是能将垃圾丢到垃圾桶或垃圾箱；1分：大部分时候能将垃圾丢到垃圾桶或垃圾箱；2分：有时能将垃圾丢到垃圾桶或垃圾箱，有时不能；3分：很少能将垃圾丢到垃圾桶或垃圾箱；4分：几乎是随地乱丢垃圾		

续表

Ⅰ级目标	Ⅱ级目标	Ⅲ级目标	Ⅳ级目标	评估项目	评估材料	评估方法	评估指导语	评估标准	评估结果	备注
A4 社区生活	A4.2 利用社区	A4.2.1 能不乱扔垃圾，保护社区环境	A4.2.1.2 能保护社区花草树木及公共设施	保护社区花草树木及公共设施（如不践踏草坪、不在公共区域乱涂乱画等）	无	1.观察法。教师及主要照顾者对学生的课堂及日常进行观察。2.访谈法。访谈教师或主要照顾者	评估者问："请问××会不会保护社区花草树木及公共设施？比如不践踏草坪、不在公共区域乱涂乱画。"	0分：总是能保护社区花草树木及公共设施；1分：大部分时候能保护社区花草树木及公共设施；2分：有时能保护社区花草树木及公共设施，有时不能；3分：很少能保护社区花草树木及公共设施；4分：几乎不能保护社区花草树木及公共设施		
		A4.2.2 能学习安全使用电梯、公共卫生间等设施	A4.2.2.1 能正确、安全地使用电梯	正确、安全地使用电梯（如能摁正确的楼层、能避开电梯门防止夹伤）	无	1.观察法。教师及主要照顾者对学生的课堂及日常进行观察。2.访谈法。访谈教师或主要照顾者	评估者问："请问××会自己使用电梯吗？比如能摁正确的楼层、能避开电梯门防止夹伤。"	0分：总是能正确、安全地使用电梯；1分：大部分时候能正确、安全地使用电梯；2分：有时能正确、安全地使用电梯，有时不能；3分：很少能正确、安全地使用电梯；4分：几乎不能正确、安全地使用电梯		
			A4.2.2.2 能正确地使用公共卫生间	正确地使用公共卫生间（如便后冲水）	无	1.观察法。教师及主要照顾者对学生的课堂及日常进行观察。2.访谈法。访谈教师或主要照顾者	评估者问："请问××会正确地使用公共卫生间吗？比如能便后冲水。"	0分：总是能正确地使用公共卫生间；1分：大部分时候能正确地使用公共卫生间；2分：有时能正确地使用公共卫生间，有时不能；3分：很少能正确地使用公共卫生间；4分：几乎不能正确地使用公共卫生间		

续表

Ⅰ级目标	Ⅱ级目标	Ⅲ级目标	Ⅳ级目标	评估项目	评估材料	评估方法	评估指导语	评估标准	评估结果	备注
A4 社区生活	A4.3 参与社区	A4.3.1 知道自己是社区中的一员，与社区人员友好相处	A4.3.1.1 能和社区人员友好相处	和社区人员友好相处（如见面主动打招呼）	无	1.观察法。教师及主要照顾者对学生的课堂及日常进行观察。2.访谈法。访谈教师或主要照顾者	评估者问："请问××能和社区人员友好相处吗？比如见面主动打招呼。"	0分：总是能和社区人员友好相处；1分：大部分时候能和社区人员友好相处；2分：有时能和社区人员友好相处，有时不能；3分：很少能和社区人员友好相处；4分：几乎不能和社区人员友好相处		
		A4.3.2 愿意参与社区活动	A4.3.2.1 愿意参与简单的社区活动	愿意参与社区活动（如社区清洁、文体活动）	无	1.观察法。教师及主要照顾者对学生的课堂及日常进行观察。2.访谈法。访谈教师或主要照顾者	评估者问："请问××愿意参与社区活动吗？比如参加社区清洁、文体活动。"	0分：总是愿意参与社区活动；1分：大部分时候愿意参与社区活动；2分：有时愿意参与社区活动，有时不愿意；3分：很少愿意参与社区活动；4分：几乎不愿意参与社区活动		

续表

Ⅰ级目标	Ⅱ级目标	Ⅲ级目标	Ⅳ级目标	评估项目	评估材料	评估方法	评估指导语	评估标准	评估结果	备注
A4 社区生活	A4.4 社区安全	A4.4.1 了解社区环境中的安全隐患	A4.4.1.1 能知道自己所属社区中存在的安全隐患	知道自己所属社区中存在的安全隐患（如燃放烟花爆竹、攀爬树木、靠近倾斜的围墙）	无	1.观察法。教师及主要照顾者对学生的课堂及日常进行观察。 2.访谈法。访谈教师或主要照顾者	评估者问："请问××知道自己所属社区中存在的安全隐患吗？比如燃放烟花爆竹、攀爬树木、靠近倾斜的围墙。"	0分：总是知道自己所属社区中存在的安全隐患； 1分：大部分时候知道自己所属社区中存在的安全隐患； 2分：有时知道自己所属社区中存在的安全隐患，有时不知道； 3分：很少知道自己所属社区中存在的安全隐患； 4分：几乎不知道自己所属社区中存在的安全隐患		
		A4.4.2 能不伤害他人	A4.4.2.1 能控制自己的行为不打人、不骂人	控制自己的行为不打人、不骂人	无	1.观察法。教师及主要照顾者对学生的课堂及日常进行观察。 2.访谈法。访谈教师或主要照顾者	评估者问："请问××能在生气的时候不打人、不骂别人吗?"	0分：总是能控制自己的行为不打人、不骂人； 1分：大部分时候能控制自己的行为不打人、不骂人； 2分：有时能控制自己的行为不打人、不骂人，有时不能； 3分：很少能控制自己的行为不打人、不骂人； 4分：几乎不能控制自己的行为不打人、不骂人		

续表

Ⅰ级目标	Ⅱ级目标	Ⅲ级目标	Ⅳ级目标	评估项目	评估材料	评估方法	评估指导语	评估标准	评估结果	备注
A4 社区生活	A4.4 社区安全	A4.4.3 能在遇到危险物或危险环境的时候躲避	A4.4.3.1 能在遇到危险环境的时候躲避	在遇到危险环境的时候会躲避（如会远离破损的井盖、断落的电线、施工中的工地等）	无	1.观察法。教师及主要照顾者对学生的课堂及日常进行观察。 2.访谈法。访谈教师或主要照顾者	评估者问："请问××在遇到危险环境的时候会躲避吗？比如远离破损的井盖、断落的电线、施工中的工地等"	0分：在遇到危险环境时总是会躲避； 1分：在遇到危险环境时大部分时候会躲避； 2分：在遇到危险环境时有时会躲避，有时不能； 3分：在遇到危险环境时很少会躲避； 4分：在遇到危险环境时几乎不能躲避		
A5 国家与世界	A5.1 国家与民族	A5.1.1 知道自己是中国人，知道我国的国名与首都	A5.1.1.1 能说出或指出自己是中国人	说出或指出自己是中国人	中国和其他国家国旗的图片	1.观察法。教师及主要照顾者对学生的课堂及日常进行观察。 2.测验法。评估者询问评估对象是哪个国家的人。/评估者分别出示中国和其他国家国旗的图片，让评估对象指出自己是哪个国家的人	评估者问："请问你是哪个国家的人？"/评估者说："请你指一指自己是哪个国家的人。"	0分：不需要任何辅助即可说出或指出自己是中国人，且用时较短、质量较好； 1分：不需要任何辅助即可说出或指出自己是中国人，但用时较长或质量一般； 2分：仅需要提示或示范中的一种辅助即可说出或指出自己是中国人； 3分：需要身体辅助方可指出自己是中国人； 4分：在身体辅助下也不能指出自己是中国人，或无法配合完成评估		

续表

Ⅰ级目标	Ⅱ级目标	Ⅲ级目标	Ⅳ级目标	评估项目	评估材料	评估方法	评估指导语	评估标准	评估结果	备注
A5 国家与世界	A5.1 国家与民族	A5.1.1 知道自己是中国人，知道我国的国名与首都	A5.1.1.2 能说出或指出我国的国名（中国、中华人民共和国）	说出或指出我国的国名（中国、中华人民共和国）	我国国名（中国、中华人民共和国）以及他国国名（日本、美国）的字卡	1.观察法。教师及主要照顾者对学生的课堂及日常进行观察。 2.测验法。评估者询问评估对象我国国名。/评估者出示我国国名以及他国国名的字卡，让评估对象指出我国国名	评估者说："请你说说我们国家的名称是什么。"/评估者说："请你指一指我们国家的名称。"	0分：不需要任何辅助即可说出或指出我国的国名，且用时较短、质量较好； 1分：不需要任何辅助即可说出或指出我国的国名，但用时较长或质量一般； 2分：仅需要提示或示范中的一种辅助即可说出或指出我国的国名； 3分：需要身体辅助方可指出我国的国名； 4分：在身体辅助下也不能指出我国的国名，或无法配合完成评估		
			A5.1.1.3 能说出或指出我国的首都（北京）	说出或指出我国的首都（北京）	我国首都和他国首都的图片	1.观察法。教师及主要照顾者对学生的课堂及日常进行观察。 2.测验法。评估者询问评估对象我国首都。/评估者出示我国首都以及他国首都的图片，让评估对象指出我国首都	评估者问："请你说说我们国家首都的名称?"/评估者说："请你指一指我们国家的首都。"	0分：不需要任何辅助即可说出或指出我国的首都，且用时较短、质量较好； 1分：不需要任何辅助即可说出或指出我国的首都，但用时较长或质量一般； 2分：仅需要提示或示范中的一种辅助即可说出或指出我国的首都； 3分：需要身体辅助方可指出我国的首都； 4分：在身体辅助下也不能指出我国的首都，或无法配合完成评估		

续表

Ⅰ级目标	Ⅱ级目标	Ⅲ级目标	Ⅳ级目标	评估项目	评估材料	评估方法	评估指导语	评估标准	评估结果	备注
A5 国家与世界	A5.1 国家与民族	A5.1.2 认识并尊敬国旗，学唱国歌，遵守升旗仪式的礼仪规范	A5.1.2.1 能说出或指出我国国旗的名称（五星红旗）	说出或指出我国国旗的名称（五星红旗）	我国国旗和他国国旗名称的字卡	1.观察法。教师及主要照顾者对学生的课堂及日常进行观察。 2.测验法。评估者询问评估对象我国国旗的名称。/评估者出示我国国旗和他国国旗名称的字卡，让评估对象指出我国国旗的名称	评估者说："请你说说我们国家的国旗名称叫什么。"/评估者说："请你指一指我们国家国旗的名称。"	0分：不需要任何辅助即可说出或指出我国国旗的名称，且用时较短、质量较好； 1分：不需要任何辅助即可说出或指出我国国旗的名称，但用时较长或质量一般； 2分：仅需要提示或示范中的一种辅助即可说出或指出我国国旗的名称； 3分：需要身体辅助方可指出我国国旗的名称； 4分：在身体辅助下也不能指出我国国旗的名称，或无法配合完成评估		
			A5.1.2.2 能在升国旗期间立正站好，注视国旗	在升国旗期间立正站好，注视国旗	无	1.观察法。教师及主要照顾者对学生的课堂及日常进行观察。 2.访谈法。访谈教师或主要照顾者	评估者问："请问××在升国旗期间能做到立正站好，注视国旗吗？"	0分：总是能在升国旗期间立正站好，注视国旗； 1分：大部分时候能在升国旗期间立正站好，注视国旗； 2分：有时能在升国旗期间立正站好，注视国旗，有时不能； 3分：很少能在升国旗期间立正站好，注视国旗； 4分：几乎不能在升国旗期间立正站好，注视国旗		

续表

Ⅰ级目标	Ⅱ级目标	Ⅲ级目标	Ⅳ级目标	评估项目	评估材料	评估方法	评估指导语	评估标准	评估结果	备注
A5 国家与世界	A5.1 国家与民族	A5.1.3 知道自己的家乡和生活区域	A5.1.3.1 能说出自己家乡的地名	说出自己家乡的地名	无	1.观察法。教师及主要照顾者对学生的课堂及日常进行观察。 2.访谈法。访谈教师或主要照顾者	评估者问："请问××知道自己的家乡在哪里吗？"	0分：总是能说出自己家乡的地名； 1分：大部分时候能说出自己家乡的地名； 2分：有时能说出自己家乡的地名，有时不能； 3分：很少能说出自己家乡的地名； 4分：几乎不能说出自己家乡的地名		
	A5.2 节日与文化	A5.2.1 了解我国传统节日、民间活动与习俗	A5.2.1.1 能说出或指出我国1~3个传统节日	说出或指出我国1~3个传统节日（如春节、端午节、中秋节、元宵节、重阳节等）	元旦、春节、劳动节、儿童节、端午节、中秋节的图片	1.观察法。教师及主要照顾者对学生的课堂及日常进行观察。 2.测验法。评估者要求评估对象说出我国1~3个传统节日。/评估者分别出示元旦、春节、劳动节、儿童节、端午节、中秋节的图片，请评估对象指出哪些是我国的传统节日	评估者说："请你说说我国的传统节日有哪些。"/评估者说："请你指出哪些是我国的传统节日。"	0分：能说出或指出5个及以上我国传统节日； 1分：能说出或指出4个我国传统节日； 2分：能说出或指出3个我国传统节日； 3分：能说出或指出1~2个我国传统节日； 4分：不能说出或指出我国传统节日		

续表

Ⅰ级目标	Ⅱ级目标	Ⅲ级目标	Ⅳ级目标	评估项目	评估材料	评估方法	评估指导语	评估标准	评估结果	备注
A5 国家与世界	A5.2 节日与文化	A5.2.1 了解我国传统节日、民间活动与习俗	A5.2.1.2 能说出或指出我国常见的一些民间活动与习俗	说出或指出我国常见的一些民间活动与习俗（如大人给小孩压岁钱、吃月饼、划龙舟等）	大人给小孩压岁钱、吃月饼、划龙舟、踢足球、游泳的图片	1.观察法。教师及主要照顾者对学生的课堂及日常进行观察。 2.测验法。评估者要求评估对象说出我国常见的一些民间活动与习俗。/评估者出示大人给小孩压岁钱、吃月饼、划龙舟、踢足球、游泳的图片，请评估对象指出哪些是我国常见的民间活动与习俗	评估者说："请你说说我国的民间活动与习俗有哪些。"/评估者说："请你指出哪些是我国的民间活动与习俗。"	0分：不需要任何辅助即可说出或指出我国常见的一些民间活动与习俗，且用时较短、质量较好； 1分：不需要任何辅助即可说出或指出我国常见的一些民间活动与习俗，但用时较长或质量一般； 2分：仅需要提示或示范中的一种辅助即可说出或指出我国常见的一些民间活动与习俗； 3分：需要身体辅助方可指出我国常见的一些民间活动与习俗； 4分：在身体辅助下也不能指出我国常见的一些民间活动与习俗，或无法配合完成评估		

续表

Ⅰ级目标	Ⅱ级目标	Ⅲ级目标	Ⅳ级目标	评估项目	评估材料	评估方法	评估指导语	评估标准	评估结果	备注
A5 国家与世界	A5.2 节日与文化	A5.2.2 知道建党日、建军节、国庆节等纪念日	A5.2.2.1 能说出或指出建党日、建军节、国庆节的日期	说出或指出建党日、建军节、国庆节的日期（7月1日、8月1日、10月1日）	建党日、建军节、国庆节、元旦、劳动节的日期字卡	1.观察法。教师及主要照顾者对学生的课堂及日常进行观察。 2.测验法。评估者要求评估对象说出建党日、建军节、国庆节的日期。/评估者分别出示建党日、建军节、国庆节、元旦、劳动节的日期字卡，请评估对象指出哪些是建党日、建军节、国庆节的日期字卡	评估者说："请你说说建党日/建军节/国庆节是几月几日。"/评估者说："请你指出建党日/建军节/国庆节的日期字卡。"	0分：不需要任何辅助即可说出或指出建党日、建军节、国庆节的日期，且用时较短、质量较好； 1分：不需要任何辅助即可说出或指出建党日、建军节、国庆节的日期，但用时较长或质量一般； 2分：仅需要提示或示范中的一种辅助即可说出或指出建党日、建军节、国庆节的日期； 3分：需要身体辅助方可指出建党日、建军节、国庆节的日期； 4分：在身体辅助下也不能指出建党日、建军节、国庆节的日期，或无法配合完成评估		

续表

Ⅰ级目标	Ⅱ级目标	Ⅲ级目标	Ⅳ级目标	评估项目	评估材料	评估方法	评估指导语	评估标准	评估结果	备注
A5 国家与世界	A5.2 节日与文化	A5.2.3 知道儿童节、妇女节、劳动节、教师节、国庆节等节日	A5.2.3.1 能说出或指出儿童节、妇女节、劳动节、教师节、国庆节的日期	说出或指出儿童节（6月1日）、妇女节（3月8日）、劳动节（5月1日）、教师节（9月10日）、国庆节（10月1日）的日期	元旦节、儿童节、妇女节、劳动节、教师节、建军节、国庆节的日期字卡	1.观察法。教师及主要照顾者对学生的课堂及日常进行观察。 2.测验法。评估者要求评估对象说出儿童节、妇女节、劳动节、教师节、国庆节的日期。/评估者分别出示元旦节、儿童节、妇女节、劳动节、教师节、建军节、国庆节的日期字卡，请评估对象指出哪些是儿童节、妇女节、劳动节、教师节、国庆节的日期字卡	评估者说："请你说说儿童节/妇女节/劳动节/教师节/国庆节是几月几日。"/评估者说："请你指出儿童节/妇女节/劳动节/教师节/国庆节的日期字卡。"	0分：能说出或指出5个及以上节日的日期； 1分：能说出或指出4个节日的日期； 2分：能说出或指出3个节日的日期； 3分：能说出或指出1~2个节日的日期； 4分：不能说出或指出节日的日期，或无法配合完全评估		

续表

I级目标	II级目标	III级目标	IV级目标	评估项目	评估材料	评估方法	评估指导语	评估标准	评估结果	备注
A5 国家与世界	A5.3 环境与保护	A5.3.1 认识自然，知道爱护环境	A5.3.1.1 知道垃圾的简单分类	知道垃圾的简单分类（如可回收物、其他垃圾、有害垃圾、厨余垃圾）	可回收物、其他垃圾、有害垃圾、厨余垃圾的卡片	1.观察法。教师及主要照顾者对学生的课堂及日常进行观察。2.测验法。评估者要求评估对象说出垃圾分类的类别。/评估者出示可回收物、其他垃圾、有害垃圾、厨余垃圾的卡片，请评估对象指出垃圾分类相应的卡片	评估者说："请你说说生活中能将垃圾分为哪几类。"/评估者说："请你指出可回收物/其他垃圾/有害垃圾/厨余垃圾的卡片。"	**0分**：不需要任何辅助即可知道垃圾的简单分类，且用时较短、质量较好；**1分**：不需要任何辅助即可知道垃圾的简单分类，但用时较长或质量一般；**2分**：仅需要提示或示范中的一种辅助即可知道垃圾的简单分类；**3分**：需要身体辅助方可知道垃圾的简单分类；**4分**：在身体辅助下也不知道垃圾的简单分类，或无法配合完成评估		

劳动技能课程评估

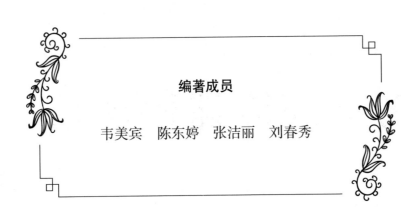

编著成员

韦美宾　陈东婷　张洁丽　刘春秀

劳动技能课程评估一览表

Ⅰ级目标	Ⅱ级目标	Ⅲ级目标	Ⅳ级目标	评估项目	评估材料	评估方法	评估指导语	评估标准	评估结果	备注
W1 自我服务劳动技能	W1.1 能使用物品	W1.1.1 能使用学习用品	W1.1.1.1 能正确使用学习用品	正确使用学习用品（如作业本、铅笔）	作业本、铅笔	1.观察法。教师及主要照顾者对学生的课堂及日常进行观察。 2.测验法。评估者向评估对象出示作业本、铅笔，请评估对象使用学习用品，评估对象能正确握笔，不在作业本上乱涂乱画	评估者说："请你描字。"	0分：不需要任何辅助即可独自正确使用学习用品，且用时较短、质量较好； 1分：不需要任何辅助即可正确使用学习用品，但用时较长或质量一般； 2分：仅需要提示或示范中的一种辅助即可正确使用学习用品； 3分：需要身体辅助方可正确使用学习用品； 4分：在身体辅助下也不能正确使用学习用品，或无法配合完成评估		
		W1.1.2 能使用家具、床上用品等家庭中的物品	W1.1.2.1 能正确使用家具	正确使用家具（如沙发、餐桌）	无	1.观察法。教师及主要照顾者对学生的课堂及日常进行观察。 2.访谈法。访谈教师或主要照顾者	评估者问："请问××能正确使用家具吗？比如不在沙发上乱蹦乱跳，不刮花、不敲打餐桌等。"	0分：不需要任何辅助即可正确使用家具，且用时较短、质量较好； 1分：不需要任何辅助即可正确使用家具，但用时较长或质量一般； 2分：仅需要提示或示范中的一种辅助即可正确使用家具； 3分：需要身体辅助方可正确使用家具； 4分：在身体辅助下也不能正确使用家具，或无法配合完成评估		

续表

Ⅰ级目标	Ⅱ级目标	Ⅲ级目标	Ⅳ级目标	评估项目	评估材料	评估方法	评估指导语	评估标准	评估结果	备注
W1 自我服务劳动技能	W1.1 能使用物品	W1.1.2 能使用家具、床上用品等家庭中的物品	W1.1.2.2 能正确使用床上用品	正确使用床上用品（如被子、枕头）	无	1.观察法。教师及主要照顾者对学生的课堂及日常进行观察。2.访谈法。访谈教师或主要照顾者	评估者问："请问××能正确使用床上用品吗？比如冷了会盖被子，睡觉时头枕在枕头上。"	0分：不需要任何辅助即可正确使用床上用品，且用时较短、质量较好；1分：不需要任何辅助即可正确使用床上用品，但用时较长或质量一般；2分：仅需要提示或示范中的一种辅助即可正确使用床上用品；3分：需要身体辅助方可正确使用床上用品；4分：在身体辅助下也不能正确使用床上用品，或无法配合完成评估		
	W1.2 能整理物品	W1.2.1 能整理小件衣物	W1.2.1.1 能正确整理小件衣物	正确整理小件衣物（如袜子、内衣、毛巾、红领巾）	无	1.观察法。教师及主要照顾者对学生的课堂及日常进行观察。2.访谈法。访谈教师或主要照顾者	评估者问："请问××能正确整理小件衣物吗？比如会将两只相同的袜子放在一起，会对折内衣放进衣柜里，会折叠毛巾。"	0分：不需要任何辅助即可正确整理小件衣物，且用时较短、质量较好；1分：不需要任何辅助即可正确整理小件衣物，但用时较长或质量一般；2分：仅需要提示或示范中的一种辅助即可正确整理小件衣物；3分：需要身体辅助方可正确整理小件衣物；4分：在身体辅助下也不能正确整理小件衣物，或无法配合完成评估		

续表

Ⅰ级目标	Ⅱ级目标	Ⅲ级目标	Ⅳ级目标	评估项目	评估材料	评估方法	评估指导语	评估标准	评估结果	备注
W1 自我服务劳动技能	W1.2 能整理物品	W1.2.2 能整理学习用品	W1.2.2.1 能正确整理学习用品	正确整理学习用品（如铅笔、橡皮擦、文具盒、作业本、书本、书包）	铅笔、橡皮擦、文具盒、作业本、书本、书包	1.观察法。教师及主要照顾者对学生的课堂及日常进行观察。2.测验法。评估者向评估对象出示铅笔、橡皮擦、文具盒、作业本、书本、书包等物品，请评估对象正确整理学习用品	评估者说："请你整理学习用品并放进书包里。比如把铅笔、橡皮擦放进文具盒里，把作业本、书本放进书包里。"	0分：不需要任何辅助即可正确整理学习用品，且用时较短、质量较好；1分：不需要任何辅助即可正确整理学习用品，但用时较长或质量一般；2分：仅需要提示或示范中的一种辅助即可正确整理学习用品；3分：需要身体辅助方可正确整理学习用品；4分：在身体辅助下也不能正确整理学习用品，或无法配合完成评估		
	W1.3 能洗涤物品	W1.3.1 能清洗、晾晒小件衣物	W1.3.1.1 能按步骤清洗小件衣物	按步骤清洗小件衣物（如内衣、袜子）	无	1.观察法。教师及主要照顾者对学生的课堂及日常进行观察。2.访谈法。访谈教师或主要照顾者	评估者问："请问××能按步骤清洗小件衣物吗？比如浸湿→放洗涤剂→搓洗→冲洗。"	0分：不需要任何辅助即可按步骤清洗小件衣物，且用时较短、质量较好；1分：不需要任何辅助即可按步骤清洗小件衣物，但用时较长或质量一般；2分：仅需要提示或示范中的一种辅助即可按步骤清洗小件衣物；3分：需要身体辅助方可按步骤清洗小件衣物；4分：在身体辅助下也不能按步骤清洗小件衣物，或无法配合完成评估		

续表

Ⅰ级目标	Ⅱ级目标	Ⅲ级目标	Ⅳ级目标	评估项目	评估材料	评估方法	评估指导语	评估标准	评估结果	备注
W1 自我服务劳动技能	W1.3 能洗涤物品	W1.3.1 能清洗、晾晒小件衣物	W1.3.1.2 能按步骤晾晒小件衣物	按步骤晾晒小衣件物（如袜子）	无	1.观察法。教师及主要照顾者对学生的课堂及日常进行观察。 2.访谈法。访谈教师或主要照顾者	评估者问："请问××能按步骤晾晒小件衣物吗？比如将袜子挂到衣架上用夹子夹住。"	0分：不需要任何辅助即可按步骤晾晒小衣件物，且用时较短、质量较好； 1分：不需要任何辅助即可按步骤晾晒小件衣物，但用时较长或质量一般； 2分：仅需要提示或示范中的一种辅助即可按步骤晾晒小件衣物； 3分：需要身体辅助方可按步骤晾晒小件衣物； 4分：在身体辅助下也不能按步骤晾晒小件衣物，或无法配合完成评估		
	W1.4 能移动物品	W1.4.1 能移动小件物品	W1.4.1.1 能正确移动小件物品	正确移动小件物品（如水杯、闹钟、小风扇）	无	1.观察法。教师及主要照顾者对学生的课堂及日常进行观察。 2.访谈法。访谈教师或主要照顾者	评估者问："请问××能正确移动小件物品吗？比如移动水杯、闹钟、小风扇时物品不倒、不歪斜，并准确地把物品放到指定位置，不乱扔物品。"	0分：不需要任何辅助即可正确移动小件物品，且用时较短、质量较好； 1分：不需要任何辅助即可正确移动小件物品，但用时较长或质量一般； 2分：仅需要提示或示范中的一种辅助即可正确移动小件物品； 3分：需要身体辅助方可正确移动小件物品； 4分：在身体辅助下也不能正确移动小件物品，或无法配合完成评估		

续表

Ⅰ级目标	Ⅱ级目标	Ⅲ级目标	Ⅳ级目标	评估项目	评估材料	评估方法	评估指导语	评估标准	评估结果	备注
W2 家务劳动技能	W2.1 能清洁整理	W2.1.1 能进行餐前准备和餐后整理	W2.1.1.1 能进行餐前准备	进行餐前准备（如摆放碗、盘子、筷子、勺子）	无	1.观察法。教师及主要照顾者对学生的课堂及日常进行观察。2.访谈法。访谈教师或主要照顾者	评估者问："请问××能进行餐前准备吗？比如知道吃饭前拿出碗、盘子筷子、勺子摆好。"	0分：不需要任何辅助即可进行餐前准备，且用时较短、质量较好；1分：不需要任何辅助即可进行餐前准备，但用时较长或质量一般；2分：仅需要提示或示范中的一种辅助即可进行餐前准备；3分：需要身体辅助方可进行餐前准备；4分：在身体辅助下也不能进行餐前准备，或无法配合完成评估		
			W2.1.1.2 能进行餐后整理	进行餐后整理（如收拾盘子、碗、筷子、勺子）	无	1.观察法。教师及主要照顾者对学生的课堂及日常进行观察。2.访谈法。访谈教师或主要照顾者	评估者问："请问××能进行餐后整理吗？比如清除餐具里的残余物→把盘子、碗、筷子、勺子放进洗碗池。"	0分：不需要任何辅助即可进行餐后整理，且用时较短、质量较好；1分：不需要任何辅助即可进行餐后整理，但用时较长或质量一般；2分：仅需要提示或示范中的一种辅助即可进行餐后整理；3分：需要身体辅助方可进行餐后整理；4分：在身体辅助下也不能进行餐后整理，或无法配合完成评估		

续表

I级目标	II级目标	III级目标	IV级目标	评估项目	评估材料	评估方法	评估指导语	评估标准	评估结果	备注
W2 家务劳动技能	W2.1 能清洁整理	W2.1.2 能整理床上用品	W2.1.2.1 能按步骤整理床上用品	按步骤整理床上用品（如叠被子→整理床单→放好枕头）	无	1.观察法。教师及主要照顾者对学生的课堂及日常进行观察。2.访谈法。访谈教师或主要照顾者	评估者问："请问××能按步骤整理床上用品吗？比如叠被子→整理床单→放好枕头。"	0分：不需要任何辅助即可按步骤整理床上用品，且用时较短、质量较好；1分：不需要任何辅助即可按步骤整理床上用品，但用时较长或质量一般；2分：仅需要提示或示范中的一种辅助即可按步骤整理床上用品；3分：需要身体辅助方可按步骤整理床上用品；4分：在身体辅助下也不能按步骤整理床上用品，或无法配合完成评估		
		W2.1.3 能整理、打扫房间	W2.1.3.1 能按步骤整理房间	按步骤整理房间（如收拾衣物→收拾玩具→整理桌面等）	无	1.观察法。教师及主要照顾者对学生的课堂及日常进行观察。2.访谈法。访谈教师或主要照顾者	评估者问："请问××能按步骤整理房间吗？比如把衣物放进衣柜→收拾玩具→摆放好桌面物品。"	0分：不需要任何辅助即可按步骤整理房间，且用时较短、质量较好；1分：不需要任何辅助即可按步骤整理房间，但用时较长或质量一般；2分：仅需要提示或示范中的一种辅助即可按步骤整理房间；3分：需要身体辅助方可按步骤整理房间；4分：在身体辅助下也不能按步骤整理房间，或无法配合完成评估		

续表

Ⅰ级目标	Ⅱ级目标	Ⅲ级目标	Ⅳ级目标	评估项目	评估材料	评估方法	评估指导语	评估标准	评估结果	备注
W2 家务劳动技能	W2.1 能清洁整理	W2.1.3 能整理、打扫房间	W2.1.3.2 能按步骤打扫房间	按步骤打扫房间（如扫地→拖地）	无	1.观察法。教师及主要照顾者对学生的课堂及日常进行观察。2.访谈法。访谈教师或主要照顾者	评估者问："请问××能按步骤打扫房间吗？比如扫地→拖地。"	0分：不需要任何辅助即可按步骤打扫房间，且用时较短、质量较好；1分：不需要任何辅助即可按步骤打扫房间，但用时较长或质量一般；2分：仅需要提示或示范中的一种辅助即可按步骤打扫房间；3分：需要身体辅助方可按步骤打扫房间；4分：在身体辅助下也不能按步骤打扫房间，或无法配合完成评估		
		W2.1.4 能开/关/锁家里的门窗	W2.1.4.1 能按步骤开关门	按步骤开关门	无	1.观察法。教师及主要照顾者对学生的课堂及日常进行观察。2.访谈法。访谈教师或主要照顾者	评估者问："请问××能按步骤开关门吗？比如手握住把手向下压或转动把手推或拉门。"	0分：不需要任何辅助即可按步骤开关门，且用时较短、质量较好；1分：不需要任何辅助即可按步骤开关门，但用时较长或质量一般；2分：仅需要提示或示范中的一种辅助即可按步骤开关门；3分：需要身体辅助方可按步骤开关门；4分：在身体辅助下也不能按步骤开关门，或无法配合完成评估		

续表

I级目标	II级目标	III级目标	IV级目标	评估项目	评估材料	评估方法	评估指导语	评估标准	评估结果	备注
W2 家务劳动技能	W2.1 能清洁整理	W2.1.4 能开/关/锁家里的门窗	W2.1.4.2 能按步骤开关窗	按步骤开关窗	无	1.观察法。教师及主要照顾者对学生的课堂及日常进行观察。2.访谈法。访谈教师或主要照顾者	评估者问："请问××能按步骤开关窗吗？比如手扶住窗户把手推或拉。"	0分：不需要任何辅助即可按步骤开关窗，且用时较短、质量较好；1分：不需要任何辅助即可按步骤开关窗，但用时较长或质量一般；2分：仅需要提示或示范中的一种辅助即可按步骤开关窗；3分：需要身体辅助方可按步骤开关窗；4分：在身体辅助下也不能按步骤开关窗，或无法配合完成评估		
			W2.1.4.3 能按步骤用钥匙开门、锁门	按步骤用钥匙开门、锁门	无	1.观察法。教师及主要照顾者对学生的课堂及日常进行观察。2.访谈法。访谈教师或主要照顾者	评估者问："请问××能按步骤用钥匙开门、锁门吗？比如找到开锁的钥匙→把钥匙插入锁眼→转动钥匙，直到听到'咔哒'一声。"	0分：不需要任何辅助即可按步骤开门、锁门，且用时较短、质量较好；1分：不需要任何辅助即可按步骤开门、锁门，但用时较长或质量一般；2分：仅需要提示或示范中的一种辅助即可按步骤开门、锁门；3分：需要身体辅助方可按步骤开门、锁门；4分：在身体辅助下也不能按步骤开门、锁门，或无法配合完成评估		

续表

Ⅰ级目标	Ⅱ级目标	Ⅲ级目标	Ⅳ级目标	评估项目	评估材料	评估方法	评估指导语	评估标准	评估结果	备注
W2 家务劳动技能	W2.1 能清洁整理	W2.1.4 能开/关/锁家里的门窗	W2.1.4.4 能按步骤锁窗	按步骤锁窗	无	1.观察法。教师及主要照顾者对学生的课堂及日常进行观察。2.访谈法。访谈教师或主要照顾者	评估者问："请问××能按步骤锁窗吗？比如握住窗锁的手柄转动手柄锁窗。"	**0分**：不需要任何辅助即可按步骤锁窗，且用时较短、质量较好； **1分**：不需要任何辅助即可按步骤锁窗，但用时较长或质量一般； **2分**：仅需要提示或示范中的一种辅助即可按步骤锁窗； **3分**：需要身体辅助方可按步骤锁窗； **4分**：在身体辅助下也不能按步骤锁窗，或无法配合完成评估		
	W2.2 能在厨房劳动	W2.2.1 能清洗常见的蔬菜和水果	W2.2.1.1 能按步骤清洗常见的蔬菜	按步骤清洗常见的蔬菜（如白菜、萝卜）	无	1.观察法。教师及主要照顾者对学生的课堂及日常进行观察。2.访谈法。访谈教师或主要照顾者	评估者问："请问××能按步骤清洗常见的蔬菜吗？比如白菜：摘掉黄叶、烂叶→把叶子一片片摘下→浸泡→洗掉叶子上的泥→把洗净的叶子放在篮子里；萝卜：把萝卜泡在水里→洗掉萝卜上的泥→冲洗干净。"	**0分**：不需要任何辅助即可按步骤清洗常见的蔬菜，且用时较短、质量较好； **1分**：不需要任何辅助即可按步骤清洗常见的蔬菜，但用时较长或质量一般； **2分**：仅需要提示或示范中的一种辅助即可按步骤清洗常见的蔬菜； **3分**：需要身体辅助方可按步骤清洗常见的蔬菜； **4分**：在身体辅助下也不能按步骤清洗常见的蔬菜，或无法配合完成评估		

续表

Ⅰ级目标	Ⅱ级目标	Ⅲ级目标	Ⅳ级目标	评估项目	评估材料	评估方法	评估指导语	评估标准	评估结果	备注
W2 家务劳动技能	W2.2 能在厨房劳动	W2.2.1 能清洗常见的蔬菜和水果	W2.2.1.2 能按步骤清洗常见的水果	按步骤清洗常见的水果（如苹果、葡萄）	无	1.观察法。教师及主要照顾者对学生的课堂及日常进行观察。 2.访谈法。访谈教师或主要照顾者	评估者问："请问××能按步骤清洗常见的水果吗？比如苹果：打湿→放盐→搓洗→冲洗干净；葡萄：把葡萄一颗颗剪下来→放入盐水中浸泡→搓洗→冲洗干净。"	0分：不需要任何辅助即可按步骤清洗常见的水果，且用时较短、质量较好； 1分：不需要任何辅助即可按步骤清洗常见的水果，但用时较长或质量一般； 2分：仅需要提示或示范中的一种辅助即可按步骤清洗常见的水果； 3分：需要身体辅助方可按步骤清洗常见的水果； 4分：在身体辅助下也不能按步骤清洗常见的水果，或无法配合完成评估		
W3 公益劳动技能	W3.1 能进行校内劳动	W3.1.1 能打扫教室	W3.1.1.1 能按步骤打扫教室	按步骤打扫教室	无	1.观察法。教师及主要照顾者对学生的课堂及日常进行观察。 2.访谈法。访谈教师或主要照顾者	评估者问："请问××平时能按步骤打扫教室吗？比如擦桌子→把椅子放到课桌上→扫地→拖地→倒垃圾。"	0分：不需要任何辅助即可按步骤打扫教室，且用时较短、质量较好； 1分：不需要任何辅助即可按步骤打扫教室，但用时较长或质量一般； 2分：仅需要提示或示范中的一种辅助即可按步骤打扫教室； 3分：需要身体辅助方可按步骤打扫教室； 4分：在身体辅助下也不能按步骤打扫教室，或无法配合完成评估		

续表

I级目标	II级目标	III级目标	IV级目标	评估项目	评估材料	评估方法	评估指导语	评估标准	评估结果	备注
W3 公益劳动技能	W3.1 能进行校内劳动	W3.1.2 能打扫校园	W3.1.2.1 能按步骤打扫校园	按步骤打扫校园	无	1.观察法。教师及主要照顾者对学生的课堂及日常进行观察。2.访谈法。访谈教师或主要照顾者	评估者问："请问××能按步骤打扫校园吗？比如扫地→把垃圾扫进垃圾铲里→倒垃圾。"	0分：不需要任何辅助即可按步骤打扫校园，且用时较短、质量较好；1分：不需要任何辅助即可按步骤打扫校园，但用时较长或质量一般；2分：仅需要提示或示范中的一种辅助即可按步骤打扫校园；3分：需要身体辅助方可按步骤打扫校园；4分：在身体辅助下也不能按步骤打扫校园，或无法配合完成评估		
		W3.1.3 能开关教室或楼道的灯、门、窗	W3.1.3.1 能开关教室或楼道的灯	开关教室或楼道的灯	教室或楼道的灯	1.观察法。教师及主要照顾者对学生的课堂及日常进行观察。2.测验法。评估者带领评估对象到教室或楼道灯的开关处，请评估对象开关灯	评估者说："请你开关教室或楼道的灯。"/评估者问："请问××平时能开关教室或楼道的灯吗？比如找到开关摁开关。"	0分：不需要任何辅助即可开关教室或楼道的灯，且用时较短、质量较好；1分：不需要任何辅助即可开关教室或楼道的灯，但用时较长或质量一般；2分：仅需要提示或示范中的一种辅助即可开关教室或楼道的灯；3分：需要身体辅助方可开关教室或楼道的灯；4分：在身体辅助下也不能开关教室或楼道的灯，或无法配合完成评估		

续表

I级目标	II级目标	III级目标	IV级目标	评估项目	评估材料	评估方法	评估指导语	评估标准	评估结果	备注
W3 公益劳动技能	W3.1 能进行校内劳动	W3.1.3 能开关教室或楼道的灯、门、窗	W3.1.3.2 能开关教室或楼道的门	开关教室或楼道的门	教室或楼道的门	1.观察法。教师及主要照顾者对学生的课堂及日常进行观察。2.测验法。评估者带领评估对象到教室或楼道的门处，请评估对象开关门	评估者说："请你开关教室或楼道的门。"/评估者问："请问××平时能开关教室或楼道的门吗？比如手握住把手，向下压或转动把手推或拉门。"	0分：不需要任何辅助即可开关教室或楼道的门，且用时较短、质量较好；1分：不需要任何辅助即可开关教室或楼道的门，但用时较长或质量一般；2分：仅需要提示或示范中的一种辅助即可开关教室或楼道的门；3分：需要身体辅助方可开关教室或楼道的门；4分：在身体辅助下也不能开关教室或楼道的门，或无法配合完成评估		
			W3.1.3.3 能开关教室或楼道的窗	开关教室或楼道的窗	教室或楼道的窗	1.观察法。教师及主要照顾者对学生的课堂及日常进行观察。2.测验法。评估者带领评估对象到教室或楼道的窗处，请评估对象开关窗	评估者说："请你开关教室或楼道的窗。"/评估者问："请问××平时能开关教室或楼道的窗吗？比如手扶住窗户推或拉窗户。"	0分：不需要任何辅助即可开关教室或楼道的窗，且用时较短、质量较好；1分：不需要任何辅助即可开关教室或楼道的窗，但用时较长或质量一般；2分：仅需要提示或示范中的一种辅助即可开关教室或楼道的窗；3分：需要身体辅助方可开关教室或楼道的窗；4分：在身体辅助下也不能开关教室或楼道的窗，或无法配合完成评估		

续表

Ⅰ级目标	Ⅱ级目标	Ⅲ级目标	Ⅳ级目标	评估项目	评估材料	评估方法	评估指导语	评估标准	评估结果	备注
W3 公益劳动技能	W3.1 能进行校内劳动	W3.1.4 能浇花	W3.1.4.1 能按步骤浇花	按步骤浇花	无	1.观察法。教师及主要照顾者对学生的课堂及日常进行观察。2.访谈法。访谈教师或主要照顾者	评估者问："请问××能按步骤浇花吗？比如喷壶装水→喷壶嘴对着花→浇水。"	0分：不需要任何辅助即可按步骤浇花，且用时较短、质量较好；1分：不需要任何辅助即可按步骤浇花，但用时较长或质量一般；2分：仅需要提示或示范中的一种辅助即可按步骤浇花；3分：需要身体辅助方可按步骤浇花；4分：在身体辅助下也不能按步骤浇花，或无法配合完成评估		
	W3.2 能参加社区劳动	W3.2.1 能参加社区的清扫活动	W3.2.1.1 能参加社区（村/屯）简单的清扫活动	参加社区（村/屯）简单的清扫活动（如扫地、扫楼道）	无	1.观察法。教师及主要照顾者对学生的课堂及日常进行观察。2.访谈法。访谈教师或主要照顾者	评估者问："请问××能参加社区（村/屯）简单的清扫活动吗？比如扫地、扫楼道。"	0分：不需要任何辅助即可参加社区简单的清扫活动，且用时较短、质量较好；1分：不需要任何辅助即可参加社区简单的清扫活动，但用时较长或质量一般；2分：仅需要提示或示范中的一种辅助即可参加社区简单的清扫活动；3分：需要身体辅助方可参加社区简单的清扫活动；4分：在身体辅助下也不能参加社区简单的清扫活动，或无法配合完成评估		

续表

Ⅰ级目标	Ⅱ级目标	Ⅲ级目标	Ⅳ级目标	评估项目	评估材料	评估方法	评估指导语	评估标准	评估结果	备注
W4 简单生产劳动技能	W4.1 能使用工具	W4.1.1 能使用剪刀等简单的工具	W4.1.1.1 能按步骤使用剪刀等简单的工具	按步骤使用剪刀等简单的工具	剪刀、纸	1.观察法。教师及主要照顾者对学生的课堂及日常进行观察。2.测验法。评估者提供剪刀、纸，请评估对象剪纸	评估者说："请你用剪刀剪纸。"/评估者问："请问××平时能按步骤使用剪刀吗？比如一只手拿纸，另一只手的大拇指、其余手指分别穿过剪刀的两个孔再剪纸。"	0分：不需要任何辅助即可按步骤使用剪刀等简单的工具，且用时较短、质量较好；1分：不需要任何辅助即可按步骤使用剪刀等简单的工具，但用时较长或质量一般；2分：仅需要提示或示范中的一种辅助即可按步骤使用剪刀等简单的工具；3分：需要身体辅助方可按步骤使用剪刀等简单的工具；4分：在身体辅助下也不能按步骤使用剪刀等简单的工具，或无法配合完成评估		
	W4.2 能进行手工劳动	W4.2.1 能穿珠子	W4.2.1.1 能按步骤穿珠子	按步骤穿珠子	珠子、线	1.观察法。教师及主要照顾者对学生的课堂及日常进行观察。2.测验法。评估者提供珠子、线，请评估对象穿珠子	评估者说："请你用线穿珠子。"/评估者问："请问××平时能按步骤穿珠子吗？比如一只手拿线，另一只手拿珠子，找到珠孔把线穿进孔里。"	0分：不需要任何辅助即可按步骤穿珠子，且用时较短、质量较好；1分：不需要任何辅助即可按步骤穿珠子，但用时较长或质量一般；2分：仅需要提示或示范中的一种辅助即可按步骤穿珠子；3分：需要身体辅助方可按步骤穿珠子；4分：在身体辅助下也不能按步骤穿珠子，或无法配合完成评估		

续表

I级目标	II级目标	III级目标	IV级目标	评估项目	评估材料	评估方法	评估指导语	评估标准	评估结果	备注
W4 简单生产劳动技能	W4.2 能进行手工劳动	W4.2.2 能粘信封	W4.2.2.1 能按步骤粘信封	按步骤粘信封	信封、固体胶	1.观察法。教师及主要照顾者对学生的课堂及日常进行观察。 2.测验法。提供信封、固体胶，请评估对象粘信封	评估者说："请你粘信封。"/评估者问："请问××能按步骤粘信封吗？比如在封口处涂上固体胶→将封口折起→按压平整。"	0分：不需要任何辅助即可按步骤粘信封，且用时较短、质量较好； 1分：不需要任何辅助即可按步骤粘信封，但用时较长或质量一般； 2分：仅需要提示或示范中的一种辅助即可按步骤粘信封； 3分：需要身体辅助方可按步骤粘信封； 4分：在身体辅助下也不能按步骤粘信封，或无法配合完成评估		

唱游与律动课程评估

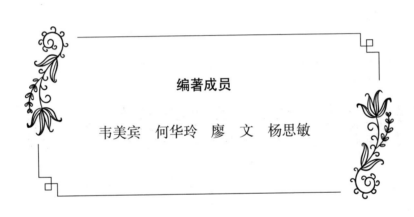

编著成员

韦美宾　何华玲　廖　文　杨思敏

<h2 style="text-align:center">唱游与律动课程评估一览表</h2>

Ⅰ级目标	Ⅱ级目标	Ⅲ级目标	Ⅳ级目标	评估项目	评估材料	评估方法	评估指导语	评估标准	评估结果	备注
R1 感受	R1.1 能对自然界和生活中的声响感兴趣	R1.1.1 能在听到自然界的声响时感兴趣	R1.1.1.1 能在听到自然界的声响时表现出关注	在听到自然界的声响（如雨声、雷声、水声等）时表现出关注（如说出声音名称、靠近声源或目光注视）	相关音频	1.观察法。教师及主要照顾者对学生的课堂及日常进行观察。 2.测验法。评估者向评估对象播放音频，观察评估对象是否说出声音名称、靠近声源或目光注视	评估者说："请你听一听，如果你知道是什么声音可以说出来或做动作等，现在请你听。"	0分：不需要任何辅助即可在听到自然界的声响时表现出关注，且用时较短、质量较好； 1分：不需要任何辅助即可在听到自然界的声响时表现出关注，但用时较长或质量一般； 2分：仅需要提示或示范中的一种辅助即可在听到自然界的声响时表现出关注； 3分：需要身体辅助方可在听到自然界的声响时表现出关注； 4分：在身体辅助下也不能在听到自然界的声响时表现出关注，或无法配合完成评估		
		R1.1.2 能在听到生活中的声响时表现出感兴趣	R1.1.2.1 能在听到生活中的声响时表现出关注	听到生活中的声响（如动物的叫声等）时表现出关注（如说出声音名称、靠近声源或目光注视）	相关音频	1.观察法。教师及主要照顾者对学生的课堂及日常进行观察。 2.测验法。评估者向评估对象播放音频，观察评估对象是否说出声音名称、靠近声源或目光注视	评估者说："请你听一听，如果你知道是什么声音可以说出来或做动作等，现在请你听。"	0分：不需要任何辅助即可在听到生活中的声响时表现出关注，且用时较短、质量较好； 1分：不需要任何辅助即可在听到生活中的声响时表现出关注，但用时较长或质量一般； 2分：仅需要提示或示范中的一种辅助即可在听到生活中的声响时表现出关注； 3分：需要身体辅助方可在听到生活中的声响时表现出关注； 4分：在身体辅助下，也不能在听到生活中的声响时表现出关注，或无法配合完成评估		

续表

Ⅰ级目标	Ⅱ级目标	Ⅲ级目标	Ⅳ级目标	评估项目	评估材料	评估方法	评估指导语	评估标准	评估结果	备注
R1 感受	R1.2 能对音乐做出反应	R1.2.1 能在听到音乐时有反应	R1.2.1.1 能在听到音乐时表现出聆听、哼唱、肢体动作等反应	在听到音乐时表现出聆听、哼唱、肢体动作等反应	相关音频	1.观察法。教师及主要照顾者对学生的课堂及日常进行观察。2.测验法。评估者向评估对象播放音频，观察评估对象是否表现出聆听、哼唱、肢体动作等反应	评估者说："请你听一听，如果你熟悉音乐可以哼唱、做动作等，现在请你听。"	**0分**：不需要任何辅助即可在听到音乐时有反应，且用时较短、质量较好；**1分**：不需要任何辅助即可在听到音乐时有反应，但用时较长或质量一般；**2分**：仅需要提示或示范中的一种辅助即可在听到音乐时有反应；**3分**：需要身体辅助方可在听到音乐时有反应；**4分**：在身体辅助下也不能在听到音乐时做出反应，或无法配合完成评估		
	R1.3 能初步感受声音的强弱、快慢	R1.3.1 能初步感受声音的强弱	R1.3.1.1 能对声音的强弱（通过声音的大小来体现）做出反应	对声音的强弱（通过声音的大小来体现）说出相对应的语言（如说出"真大声""太小声"）或做出动作反应（如捂耳朵、靠近听）	无	1.观察法。教师及主要照顾者对学生的课堂及日常进行观察。2.访谈法。访谈教师或主要照顾者	评估者说："请问××在听到声音的强弱时会不会说出相对应的语言或做出动作反应？比如说出'真大声''太小声'或捂耳朵、靠近听。"	**0分**：不需要任何辅助即可对声音的强弱说出相对应的语言或做出动作反应，且用时较短、质量较好；**1分**：不需要任何辅助即可对声音的强弱说出相对应的语言或做出动作反应，但用时较长或质量一般；**2分**：仅需要提示或示范中的一种辅助即可对声音的强弱说出相对应的语言或做出动作的反应；**3分**：需要身体辅助方可对声音的强弱说出相对应的语言或做出动作反应；**4分**：在身体辅助下也不能对声音的强弱说出相对应的语言或做出动作反应，或无法配合完成评估		

续表

I 级目标	II 级目标	III 级目标	IV 级目标	评估项目	评估材料	评估方法	评估指导语	评估标准	评估结果	备注
R1 感受	R1.3 能初步感受声音的强弱、快慢	R1.3.2 能初步感受声音的快慢	R1.3.2.1 能对声音的快慢做出动作反应	对声音的快慢做出动作反应（如跑、走等）	无	1.观察法。教师及主要照顾者对学生的课堂及日常进行观察。 2.访谈法。访谈教师或主要照顾者	评估者问："请问××在听到声音的快慢时会不会做出不同的动作反应？"	0分：不需要任何辅助即可对声音的快慢做出动作反应，且用时较短、质量较好； 1分：不需要任何辅助即可对声音的快慢做出动作反应，但用时较长或质量一般； 2分：仅需要提示或示范中的一种辅助即可对声音的快慢做出动作反应； 3分：需要身体辅助方可对声音的快慢做出动作反应； 4分：在身体辅助下也不能对声音的快慢做出动作反应，或无法配合完成评估		
	R1.4 初步养成聆听音乐的习惯	R1.4.1 聆听生活中的音乐	R1.4.1.1 聆听生活中不同类型的音乐	聆听音乐	相关音频	1.观察法。教师及主要照顾者对学生的课堂及日常进行观察。 2.测验法。评估者向评估对象播放音频，观察评估对象是否聆听音乐	评估者说："请你听一听。"	0分：不需要任何辅助即可聆听音乐，且用时较短、质量较好； 1分：不需要任何辅助即可聆听音乐，但用时较长或质量一般； 2分：仅需要提示或示范中的一种辅助即可安静地聆听音乐； 3分：需要身体辅助方可聆听音乐； 4分：在身体辅助下也不能聆听音乐，或无法配合完成评估		

续表

I级目标	II级目标	III级目标	IV级目标	评估项目	评估材料	评估方法	评估指导语	评估标准	评估结果	备注
R2 演唱	R2.1 能初步练习唱歌的口型、姿势，学习正确的歌唱方式	R2.1.1 能初步练习唱歌的口型	R2.1.1.1 能模仿唱歌的口型	模仿老师唱歌的口型（如哆/来/咪）	无	1.观察法。教师及主要照顾者对学生的课堂及日常进行观察。 2.测验法。评估者向评估对象示范正确的哆/来/咪口型，请评估对象模仿	评估者说："请你跟我这样做。"	0分：不需要任何辅助即可模仿唱歌的口型，且用时较短、质量较好； 1分：不需要任何辅助即可模仿唱歌的口型、但用时较长或质量一般； 2分：仅需要提示或示范中的一种辅助即可模仿唱歌的口型； 3分：需要身体辅助方可模仿唱歌的口型； 4分：在身体辅助下也不能模仿唱歌的口型，或无法配合完成评估		
		R2.1.2 能初步练习唱歌的姿势	R2.1.2.1 能模仿唱歌的姿势	模仿老师唱歌的姿势（如站立、端坐）	无	1.观察法。教师及主要照顾者对学生的课堂及日常进行观察。 2.测验法。评估者向评估对象示范正确的唱歌姿势，请评估对象模仿	评估者说："请你跟我这样做。"	0分：不需要任何辅助即可模仿唱歌的姿势，且用时较短、质量较好； 1分：不需要任何辅助即可模仿唱歌的姿势，但用时较长或质量一般； 2分：仅需要提示或示范中的一种辅助方即可模仿唱歌的姿势； 3分：需要身体辅助方可模仿唱歌的姿势； 4分：在身体辅助下也不能模仿唱歌的姿势，或无法配合完成评估		

续表

I级目标	II级目标	III级目标	IV级目标	评估项目	评估材料	评估方法	评估指导语	评估标准	评估结果	备注
R2 演唱	R2.2 能有节奏地念简单的童谣	R2.2.1 能初步有节奏地念简单的童谣	R2.2.1.1 能模仿有节奏地念简单的童谣	模仿有节奏地念简单的童谣（如《小白兔白又白》）	童谣《小白兔白又白》文本	1.观察法。教师及主要照顾者对学生的课堂及日常进行观察。 2.测验法。评估者向评估对象念童谣，请评估对象模仿	评估者说："请你跟我念：小白兔白又白，两只耳朵竖起来，爱吃萝卜爱吃菜，蹦蹦跳跳真可爱。"	0分：能模仿有节奏地念简单的童谣，且用时较短、质量较好； 1分：能模仿有节奏地念简单的童谣，但用时较长或质量一般； 2分：能模仿有节奏地念简单的童谣的大部分； 3分：能模仿有节奏地念简单的童谣的少部分； 4分：不能模仿有节奏地念简单的童谣，或无法配合完成评估		
	R2.3 能聆听范唱，用自然的声音模仿歌唱	R2.3.1 能用日常的声音随音乐模仿歌唱	R2.3.1.1 能用日常的声音跟唱简单的歌曲	用日常的声音跟唱简单的歌曲（如《新年好》《生日歌》《两只老虎》）	无	1.观察法。教师及主要照顾者对学生的课堂及日常进行观察。 2.测验法。评估者歌唱（如《新年好》《生日歌》《两只老虎》），请评估对象跟唱	评估者说："请你跟我唱一唱。"	0分：在听到歌曲时能用日常的声音准确跟唱； 1分：在听到歌曲时能用日常的声音跟唱，但不够准确； 2分：在听到歌曲时能用日常的声音跟唱大部分； 3分：在听到歌曲时能用日常的声音跟唱少部分； 4分：几乎没有反应，或无法配合完成评估		

续表

I级目标	II级目标	III级目标	IV级目标	评估项目	评估材料	评估方法	评估指导语	评估标准	评估结果	备注
R2 演唱	R2.4 能每学期学唱简单的儿歌	R2.4.1 能每学期学唱2～3首简单的儿歌	R2.4.1.1 能跟唱完整的2～3首简单的儿歌	每学期学唱2～3首简单的儿歌	无	1.观察法。教师及主要照顾者对学生的课堂及日常进行观察。2.访谈法。访谈教师或主要照顾者	评估者问："请问××每学期能学唱2～3首简单的儿歌吗？"	0分：每学期能准确学唱2～3首简单的儿歌；1分：每学期能学唱2～3首简单的儿歌，但完成质量一般；2分：每学期能学唱2～3首简单的儿歌的大部分；3分：每学期能学唱2～3首简单的儿歌的少部分；4分：完全不会唱歌，或无法配合完成评估		
R3 音乐游戏	R3.1 愿意参加音乐游戏，体验游戏的乐趣	R3.1.1 愿意参加简单的音乐游戏，并体验到游戏的快乐	R3.1.1.1 能遵守游戏规则进行游戏，并体验到游戏的快乐	愿意参加简单的音乐游戏，并体验到游戏的快乐	无	1.观察法。教师及主要照顾者对学生的课堂及日常进行观察。2.访谈法。访谈教师或主要照顾者	评估者问："请问××愿意参加简单的音乐游戏，并且能在游戏中玩得很开心吗？"	0分：不需要任何辅助即可主动参加简单的音乐游戏，并体验到游戏的快乐，且用时较短、质量较好；1分：不需要任何辅助即可愿意参加简单的音乐游戏，并体验到游戏的快乐，但用时较长或质量一般；2分：仅需要提示或示范中的一种辅助即可愿意参加简单的音乐游戏，并体验到游戏的快乐；3分：需要身体辅助方可愿意参加简单的音乐游戏，并体验到游戏的快乐；4分：在身体辅助下也不愿意参加简单的音乐游戏，或无法配合完成评估		

续表

I级目标	II级目标	III级目标	IV级目标	评估项目	评估材料	评估方法	评估指导语	评估标准	评估结果	备注
R3 音乐游戏	R3.2 能在音乐游戏中对各种声音做出听觉反应	R3.2.1 能在音乐游戏中对音乐指令做出听觉反应	R3.2.1.1 能在音乐游戏中对乐器声、音乐声等指令有动作或声音的反应	在音乐游戏中对各种声音（如乐器声、音乐声等）有动作或声音的反应	无	1.观察法。教师及主要照顾者对学生的课堂及日常进行观察。2.访谈法。访谈教师或主要照顾者	评估者问："请问××在音乐游戏中对各种声音如乐器声、音乐声等是否有动作或声音的反应？"	0分：不需要任何辅助即可在音乐游戏中对各种声音做出动作或声音的反应，且用较短、质量较好；1分：不需要任何辅助即可在音乐游戏中对各种声音做出动作或声音的反应，但用时较长或质量一般；2分：仅需要提示或示范中的一种辅助即可在音乐游戏中对各种声音做出动作或声音的反应；3分：需要身体辅助方可在音乐游戏中对各种声音做出动作或声音的反应；4分：在身体辅助下也不能在音乐游戏中对各种声音做出动作或声音的反应，或无法配合完成评估		

续表

Ⅰ级目标	Ⅱ级目标	Ⅲ级目标	Ⅳ级目标	评估项目	评估材料	评估方法	评估指导语	评估标准	评估结果	备注
R3 音乐游戏	R3.3 能在游戏中初步配合音乐做出对节奏、速度、力度的反应	R3.3.1 能在游戏中初步配合音乐简单地做出对节奏、速度、力度的相关反应	R3.3.1.1 能在游戏中跟随音乐做出对节奏、速度、力度的反应	能在玩游戏时跟随音乐做出对节奏、速度、力度的相关反应（如跑、走、大跳、小跳、踮脚走等）	无	1.观察法。教师及主要照顾者对学生的课堂及日常进行观察。 2.访谈法。访谈教师或主要照顾者	评估者问："请问××能在游戏中初步配合音乐做出对节奏、速度、力度的相关反应吗？比如跑、走、大跳、小跳、踮脚走等。"	**0分**：不需要任何辅助即可在游戏中初步配合音乐做出对节奏、速度、力度的相关反应，且用时较短、质量较好； **1分**：不需要任何辅助即可在游戏中初步配合音乐做出对节奏、速度、力度的相关反应，但用时较长或质量一般； **2分**：仅需要提示或示范中的一种辅助即可在游戏中初步配合音乐做出对节奏、速度、力度的相关反应； **3分**：需要身体辅助方可在游戏中初步配合音乐做出对节奏、速度、力度的相关反应； **4分**：在身体辅助下也不能在游戏中初步配合音乐做出对节奏、速度、力度的相关反应，或无法配合完成评估		

续表

Ⅰ级目标	Ⅱ级目标	Ⅲ级目标	Ⅳ级目标	评估项目	评估材料	评估方法	评估指导语	评估标准	评估结果	备注
R4 律动	R4.1 能跟随音乐合拍地做出各种简单的动作	R4.1.1 能跟随音乐合拍地做出单一动作	R4.1.1.1 能跟随音乐跺脚、拍腿、拍手、拍肩、屈膝等	跟随音乐合拍地做出单一动作（如拍手、拍肩等）	音频（《幸福拍手歌》）	1.观察法。教师及主要照顾者对学生的课堂及日常进行观察。2.测验法。评估者播放音频，观察评估对象是否跟随音乐合拍地做出单一动作	评估者说："请你跟随音乐做动作。"	0分：不需要任何辅助即可跟随音乐合拍地做出单一动作，且用时较短、质量较好；1分：不需要任何辅助即可跟随音乐合拍地做出单一动作，但用时较长或质量一般；2分：仅需要提示或示范中的一种辅助即可跟随音乐合拍地做出单一动作；3分：需要身体辅助方可跟随音乐合拍地做出单一动作；4分：在身体辅助下也不能跟随音乐合拍地做出单一动作，或无法配合完成评估		
	R4.2 能结合日常生活动作进行有节奏的模仿和练习	R4.2.1 能有节奏地模仿和练习日常生活中的动作	R4.2.1.1 能有节奏地模仿简单的拍蚊子、洗衣服等动作	有节奏地模仿和练习日常生活中简单的动作（如拍蚊子、洗衣服）	无	1.观察法。教师及主要照顾者对学生的课堂及日常进行观察。2.测验法。评估者示范动作	评估者说："请你跟我这样做。"	0分：不需要任何辅助即可有节奏地模仿和练习日常生活中的动作，且用时较短、质量较好；1分：不需要任何辅助即可有节奏地模仿和练习日常生活中的动作，但用时较长或质量一般；2分：仅需要提示或示范中的一种辅助即可有节奏地模仿和练习日常生活中的动作；3分：需要身体辅助方可有节奏地模仿和练习日常生活中的动作；4分：在身体辅助下也不能有节奏地模仿和练习日常生活中的动作，或无法配合完成评估		

续表

I级目标	II级目标	III级目标	IV级目标	评估项目	评估材料	评估方法	评估指导语	评估标准	评估结果	备注
R4 律动	R4.3 能配合音乐做简单的表演动作	R4.3.1 能跟随音乐的节奏做简单的表演动作	R4.3.1.1 能跟随音乐模仿做简单的表演动作（如摆手、跳动）	跟随音乐模仿做简单的表演动作（如摆手、跳动）	无	1.观察法。教师及主要照顾者对学生的课堂及日常进行观察。 2.访谈法。访谈教师或主要照顾者	评估者问："请问××在音乐课中能否跟随音乐做简单的表演动作？"	0分：不需要任何辅助即可跟随音乐做简单的表演动作，且用时较短、质量较好； 1分：不需要任何辅助即可跟随音乐做简单的表演动作，但用时较长或质量一般； 2分：仅需要提示或示范中的一种辅助即可跟随音乐做简单的表演动作； 3分：需要身体辅助方可跟随音乐做简单的表演动作； 4分：在身体辅助下也不能跟随音乐做简单的表演动作，或无法配合完成评估		

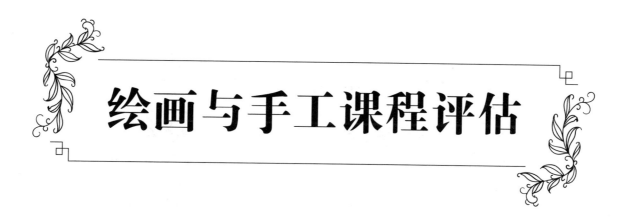

绘画与手工课程评估

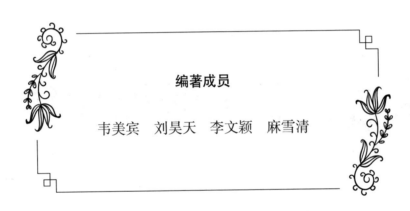

编著成员

韦美宾　刘昊天　李文颖　麻雪清

绘画与手工课程评估一览表

Ⅰ级目标	Ⅱ级目标	Ⅲ级目标	Ⅳ级目标	评估项目	评估材料	评估方法	评估指导语	评估标准	评估结果	备注
P1 绘画	P1.1 能运用点元素	P1.1.1 能用手指点画	P1.1.1.1 能用手指蘸颜料完成任意大小、位置的点	用手指蘸颜料完成任意大小、位置的点	手指画颜料、调色盘、白纸	1.观察法。教师及主要照顾者对学生的课堂及日常进行观察。2.测验法。评估者出示评估材料，让评估对象用手指蘸颜料，在白纸上的任意位置点色（非涂抹）	评估者说："请你用手指蘸颜料在纸上点一点。"	0分：不需要任何辅助即可用手指蘸颜料完成任意大小、位置的点，且用时较短、质量较好；1分：不需要任何辅助即可用手指蘸颜料完成任意大小、位置的点，但用时较长或质量一般；2分：仅需要提示或示范中的一种辅助即可用手指蘸颜料完成任意大小、位置的点；3分：需要身体辅助方可用手指蘸颜料完成任意大小、位置的点；4分：在身体辅助下也不能用手指蘸颜料完成任意大小、位置的点，或无法配合完成评估		
			P1.1.1.2 能用手指蘸颜料点出排列整齐的点	用手指蘸颜料点出排列整齐的点	手指画颜料、调色盘、白纸	1.观察法。教师及主要照顾者对学生的课堂及日常进行观察。2.测验法。评估者出示评估材料，让评估对象用手指蘸颜料，在白纸上点出排列整齐的点	评估者说："请你用手指蘸颜料在纸上点一排点。"	0分：不需要任何辅助即可用手指蘸颜料点出排列整齐的点，且用时较短、质量较好；1分：不需要任何辅助即可用手指蘸颜料点出排列整齐的点，但用时较长或质量一般；2分：仅需要提示或示范中的一种辅助即可用手指蘸颜料点出排列整齐的点；3分：需要身体辅助方可用手指蘸颜料点出排列整齐的点；4分：在身体辅助下也不能用手指蘸颜料点出排列整齐的点，或无法配合完成评估		

续表

Ⅰ级目标	Ⅱ级目标	Ⅲ级目标	Ⅳ级目标	评估项目	评估材料	评估方法	评估指导语	评估标准	评估结果	备注
P1 绘画	P1.1 能运用点元素	P1.1.1 能用手指点画	P1.1.1.3 能用手指蘸颜料并在指定范围内点画	用手指蘸颜料并在指定范围内点画	手指画颜料、调色盘、白纸	1.观察法。教师及主要照顾者对学生的课堂及日常进行观察。 2.测验法。评估者在白纸上画出某一形状（如圆形等），让评估对象用手指蘸颜料，在画出的形状内完成点色	评估者说："请你用手指蘸颜料在圆形里点一点，不要出界。"	0分：不需要任何辅助即可用手指蘸颜料点出有一定规律且在指定范围内的点，且用时较短、质量较好； 1分：不需要任何辅助即可用手指蘸颜料点出有一定规律且在指定范围内的点，但用时较长或质量一般； 2分：仅需要提示或示范中的一种辅助即可用手指蘸颜料点出有一定规律且在指定范围内的点； 3分：需要身体辅助方可用手指蘸颜料点出有一定规律且在指定范围内的点； 4分：在身体辅助下也不能用手指蘸颜料点出有一定规律且在指定范围内的点，或无法配合完成评估		
		P1.1.2 能用工具蘸颜料点画	P1.1.2.1 能用工具蘸颜料点出任意大小、位置的点	用工具蘸颜料点出任意大小、位置的点	手指画颜料、调颜料盘、白纸、海绵棒	1.观察法。教师及主要照顾者对学生的课堂及日常进行观察。 2.测验法。评估者让评估对象用海绵棒蘸颜料，在白纸上的任意位置点色（非涂抹）	评估者说："请你用海绵棒蘸颜料在纸上点一点。"	0分：不需要任何辅助即可用工具蘸颜料完成任意大小、位置的点，且用时较短、质量较好； 1分：不需要任何辅助即可用工具蘸颜料完成任意大小、位置的点，但用时较长或质量一般； 2分：仅需要提示或示范中的一种辅助即可用工具蘸颜料完成任意大小、位置的点； 3分：需要身体辅助方可用工具蘸颜料完成任意大小、位置的点； 4分：在身体辅助下也不能用工具蘸颜料完成任意大小、位置的点，或无法配合完成评估		

续表

Ⅰ级目标	Ⅱ级目标	Ⅲ级目标	Ⅳ级目标	评估项目	评估材料	评估方法	评估指导语	评估标准	评估结果	备注
P1 绘画	P1.1 能运用点元素	P1.1.2 能用工具蘸颜料点画	P1.1.2.2 能用工具蘸颜料点出排列整齐的点	用工具蘸颜料点出排列整齐的点	手指画颜料、调颜料盘、白纸、海绵棒	1.观察法。教师及主要照顾者对学生的课堂及日常进行观察。2.测验法。评估者让评估对象用海绵棒蘸颜料，在白纸上点出排列整齐的点	评估者说："请你用海绵棒蘸颜料点一排点。"	0分：不需要任何辅助即可用工具蘸颜料点出排列整齐的点，且用时较短、质量较好；1分：不需要任何辅助即可用工具蘸颜料点出排列整齐的点，但用时较长或质量一般；2分：仅需要提示或示范中的一种辅助即可用工具蘸颜料点出排列整齐的点；3分：需要身体辅助方可用工具蘸颜料点出排列整齐的点；4分：在身体辅助下也不能用工具蘸颜料点出排列整齐的点，或无法配合完成评估		
			P1.1.2.3 能用工具蘸颜料并在指定范围内点画	用工具蘸颜料并在指定范围内点画	手指画颜料、调颜料盘、白纸、海绵棒	1.观察法。教师及主要照顾者对学生的课堂及日常进行观察。2.测验法。评估者在白纸上画出某一形状（如圆形等），让评估对象用海绵棒蘸颜料，在画出的形状内完成点色	评估者说："请你用海绵棒蘸颜料在圆形里点一点，不要出界。"	0分：不需要任何辅助即可用工具蘸颜料点出有一定规律且在指定范围内的点，且用时较短、质量较好；1分：不需要任何辅助即可用工具蘸颜料点出有一定规律且在指定范围内的点，但用时较长或质量一般；2分：仅需要提示或示范中的一种辅助即可用工具蘸颜料点出有一定规律且在指定范围内的点；3分：需要身体辅助方可用手指蘸颜料点出有一定规律且在指定范围内的点；4分：在身体辅助下也不能用工具蘸颜料点出有一定规律且在指定范围内的点，或无法配合完成评估		

续表

Ⅰ级目标	Ⅱ级目标	Ⅲ级目标	Ⅳ级目标	评估项目	评估材料	评估方法	评估指导语	评估标准	评估结果	备注
P1 绘画	P1.2 能运用线元素	P1.2.1 能仿画出线条	P1.2.1.1 能仿画出直线	仿画出直线（长度基本一致）	白纸、铅笔	1.观察法。教师及主要照顾者对学生的课堂及日常进行观察。2.测验法。评估者示范画直线，让评估对象仿画出一样的直线	评估者说："请你跟我画一样的。"	0分：不需要任何辅助即可模仿画出直线，且用时较短、质量较好；1分：不需要任何辅助即可模仿画出直线，但用时较长或质量一般；2分：仅需要提示或示范中的一种辅助即可模仿画出直线；3分：需要身体辅助方可模仿画出直线；4分：在身体辅助下也不能模仿画出直线，或无法配合完成评估		
			P1.2.1.2 能仿画出弧线	仿画出弧线（弧度方向基本一致）	白纸、铅笔	1.观察法。教师及主要照顾者对学生的课堂及日常进行观察。2.测验法。评估者示范画弧线，让评估对象仿画出一样的弧线	评估者说："请你跟我画一样的。"	0分：不需要任何辅助即可模仿画出弧线，且用时较短、质量较好；1分：不需要任何辅助即可模仿画出弧线，但用时较长或质量一般；2分：仅需要提示或示范中的一种辅助即可模仿画出弧线；3分：需要身体辅助方可模仿画出弧线；4分：在身体辅助下也不能模仿画出弧线，或无法配合完成评估		

续表

Ⅰ级目标	Ⅱ级目标	Ⅲ级目标	Ⅳ级目标	评估项目	评估材料	评估方法	评估指导语	评估标准	评估结果	备注
P1 绘画	P1.2 能运用线元素	P1.2.1 能仿画出线条	P1.2.1.3 能仿画出波浪线	仿画出波浪线（弧度基本一致）	白纸、铅笔	1.观察法。教师及主要照顾者对学生的课堂及日常进行观察。2.测验法。评估者示范画波浪线，让评估对象仿画出一样的波浪线	评估者说："请你跟我画一样的。"	0分：不需要任何辅助即可模仿画出波浪线，且用时较短、质量较好；1分：不需要任何辅助即可模仿画出波浪线，但用时较长或质量一般；2分：仅需要提示或示范中的一种辅助即可模仿画出波浪线；3分：需要身体辅助方可模仿画出波浪线；4分：在身体辅助下也不能模仿画出波浪线，或无法配合完成评估		
		P1.2.2 能借助工具画线条	P1.2.2.1 能借助工具画出直线	借助工具画出直线	白纸、铅笔、尺子	1.观察法。教师及主要照顾者对学生的课堂及日常进行观察。2.测验法。评估者让评估对象用尺子上的直边在白纸上画出直线	评估者说："请你用尺子画一条直线。"	0分：不需要任何辅助即可借助工具画出直线，且用时较短、质量较好；1分：不需要任何辅助即可借助工具画出直线，但用时较长或质量一般；2分：仅需要提示或示范中的一种辅助即可借助工具画出直线；3分：需要身体辅助方可借助工具画出直线；4分：在身体辅助下也不能借助工具画出直线，或无法配合完成评估		

续表

Ⅰ级目标	Ⅱ级目标	Ⅲ级目标	Ⅳ级目标	评估项目	评估材料	评估方法	评估指导语	评估标准	评估结果	备注
P1 绘画	P1.2 能运用线元素	P1.2.2 能借助工具画线条	P1.2.2.2 能借助工具画出弧线	借助工具画出弧线	白纸、铅笔、量角器	1.观察法。教师及主要照顾者对学生的课堂及日常进行观察。 2.测验法。评估者让评估对象用量角器上的弧形边在白纸上画出弧线	评估者说："请你用量角器画一条弧线。"	0分：不需要任何辅助即可借助工具画出弧线，且用时较短、质量较好； 1分：不需要任何辅助即可借助工具画出弧线，但用时较长或质量一般； 2分：仅需要提示或示范中的一种辅助即可借助工具画出弧线； 3分：需要身体辅助方可借助工具画出弧线； 4分：在身体辅助下也不能借助工具画出弧线，或无法配合完成评估		
			P1.2.2.3 能借助工具画出波浪线	借助工具画出波浪线	白纸、铅笔、尺子	1.观察法。教师及主要照顾者对学生的课堂及日常进行观察。 2.测验法。评估者让评估对象用尺子上的波浪边在白纸上画出波浪线	评估者说："请你用尺子画一条波浪线。"	0分：不需要任何辅助即可借助工具画出波浪线，且用时较短、质量较好； 1分：不需要任何辅助即可借助工具画出波浪线，但用时较长或质量一般； 2分：仅需要提示或示范中的一种辅助即可借助工具画出波浪线； 3分：需要身体辅助方可借助工具画出波浪线； 4分：在身体辅助下也不能借助工具画出波浪线，或无法配合完成评估		

续表

I级目标	II级目标	III级目标	IV级目标	评估项目	评估材料	评估方法	评估指导语	评估标准	评估结果	备注
P1 绘画	P1.2 能运用线元素	P1.2.3 能独立画线条	P1.2.3.1 能独立画出直线	独立画出直线	白纸、铅笔	1.观察法。教师及主要照顾者对学生的课堂及日常进行观察。2.测验法。评估者让评估对象用铅笔在白纸上画出直线	评估者说："请你画一条直线。"	**0分**：不需要任何辅助即可独立画出直线，且用时较短、质量较好； **1分**：不需要任何辅助即可独立画出直线，但用时较长或质量一般； **2分**：仅需要提示或示范中的一种辅助即可独立画出直线； **3分**：需要身体辅助方可独立画出直线； **4分**：在身体辅助下也不能独立画出直线，或无法配合完成评估		
			P1.2.3.2 能独立画出弧线	独立画出弧线	白纸、铅笔	1.观察法。教师及主要照顾者对学生的课堂及日常进行观察。2.测验法。评估者让评估对象用铅笔在白纸上画出弧线	评估者说："请你画一条弧线。"	**0分**：不需要任何辅助即可独立画出弧线，且用时较短、质量较好； **1分**：不需要任何辅助即可独立画出弧线，但用时较长或质量一般； **2分**：仅需要提示或示范中的一种辅助即可独立画出弧线； **3分**：需要身体辅助方可独立画出弧线； **4分**：在身体辅助下也不能独立画出弧线，或无法配合完成评估		

续表

I级目标	II级目标	III级目标	IV级目标	评估项目	评估材料	评估方法	评估指导语	评估标准	评估结果	备注
P1 绘画	P1.2 能运用线元素	P1.2.3 能独立画线条	P1.2.3.3 能独立画出波浪线	独立画出波浪线	白纸、铅笔	1.观察法。教师及主要照顾者对学生的课堂及日常进行观察。2.测验法。评估者让评估对象用铅笔在白纸上画出波浪线	评估者说："请你画一条波浪线。"	0分：不需要任何辅助即可独立画出波浪线，且用时较短、质量较好；1分：不需要任何辅助即可独立画出波浪线，但用时较长或质量一般；2分：仅需要提示或示范中的一种辅助即可独立画出波浪线；3分：需要身体辅助方可独立画出波浪线；4分：在身体辅助下也不能独立画出波浪线，或无法配合完成评估		
	P1.3 能运用图形元素	P1.3.1 能仿画出基本图形	P1.3.1.1 仿画出圆形	仿画出圆形（大小、形状基本一致）	白纸、铅笔	1.观察法。教师及主要照顾者对学生的课堂及日常进行观察。2.测验法。评估者示范画圆形，让评估对象仿画出圆形	评估者说："请你和我画一样的。"	0分：不需要任何辅助即可仿画出圆形，且用时较短、质量较好；1分：不需要任何辅助即可仿画出圆形，但用时较长或质量一般；2分：仅需要提示或示范中的一种辅助即可仿画出圆形；3分：需要身体辅助方可仿画出圆形；4分：在身体辅助下也不能仿画出圆形，或无法配合完成评估		

续表

Ⅰ级目标	Ⅱ级目标	Ⅲ级目标	Ⅳ级目标	评估项目	评估材料	评估方法	评估指导语	评估标准	评估结果	备注
P1 绘画	P1.3 能运用图形元素	P1.3.1 能仿画出基本图形	P1.3.1.2 能仿画出三角形	仿画出三角形（大小、形状基本一致）	白纸、铅笔	1.观察法。教师及主要照顾者对学生的课堂及日常进行观察。 2.测验法。评估者示范画三角形，让评估对象仿画出三角形	评估者说："请你和我画一样的。"	**0分**：不需要任何辅助即可仿画出三角形，且用时较短、质量较好； **1分**：不需要任何辅助即可仿画出三角形，但用时较长或质量一般； **2分**：仅需要提示或示范中的一种辅助即可仿画出三角形； **3分**：需要身体辅助方可仿画出三角形； **4分**：在身体辅助下也不能仿画出三角形，或无法配合完成评估		
			P1.3.1.3 能仿画出方形	仿画出方形（大小、形状基本一致）	白纸、铅笔	1.观察法。教师及主要照顾者对学生的课堂及日常进行观察。 2.测验法。评估者示范画方形，让评估对象仿画出方形	评估者说："请你和我画一样的。"	**0分**：不需要任何辅助即可仿画出方形，且用时较短、质量较好； **1分**：不需要任何辅助即可仿画出方形，但用时较长或质量一般； **2分**：仅需要提示或示范中的一种辅助即可仿画出方形； **3分**：需要身体辅助方可仿画出方形； **4分**：在身体辅助下也不能仿画出方形，或无法配合完成评估		

续表

Ⅰ级目标	Ⅱ级目标	Ⅲ级目标	Ⅳ级目标	评估项目	评估材料	评估方法	评估指导语	评估标准	评估结果	备注
P1 绘画	P1.3 能运用图形元素	P1.3.2 能独立画出基本图形	P1.3.2.1 能独立画出圆形	独立画出圆形	白纸、铅笔	1.观察法。教师及主要照顾者对学生的课堂及日常进行观察。2.测验法。评估者让评估对象用铅笔在白纸上画出圆形	评估者说："请你画一个圆形。"	0分：不需要任何辅助即可独立画出圆形，且用时较短、质量较好；1分：不需要任何辅助即可独立画出圆形，但用时较长或质量一般；2分：仅需要提示或示范中的一种辅助即可独立画出圆形；3分：需要身体辅助方可独立画出圆形；4分：在身体辅助下也不能独立画出圆形，或无法配合完成评估		
			P1.3.2.2 能独立画出三角形	独立画出三角形	白纸、铅笔	1.观察法。教师及主要照顾者对学生的课堂及日常进行观察。2.测验法。评估者让评估对象用铅笔在白纸上画出三角形	评估者说："请你画一个三角形。"	0分：不需要任何辅助即可独立画出三角形，且用时较短、质量较好；1分：不需要任何辅助即可独立画出三角形，但用时较长或质量一般；2分：仅需要提示或示范中的一种辅助即可独立画出三角形；3分：需要身体辅助方可独立画出三角形；4分：在身体辅助下也不能独立画出三角形，或无法配合完成评估		

续表

Ⅰ级目标	Ⅱ级目标	Ⅲ级目标	Ⅳ级目标	评估项目	评估材料	评估方法	评估指导语	评估标准	评估结果	备注
P1 绘画	P1.3 能运用图形元素	P1.3.2 能独立画出基本图形	P1.3.2.3 能独立画出方形	独立画出方形	白纸、铅笔	1.观察法。教师及主要照顾者对学生的课堂及日常进行观察。 2.测验法。评估者让评估对象用铅笔在白纸上画出方形	评估者说："请你画一个方形。"	0分：不需要任何辅助即可独立画出方形，且用时较短、质量较好； 1分：不需要任何辅助即可独立画出方形，但用时较长或质量一般； 2分：仅需要提示或示范中的一种辅助即可独立画出方形； 3分：需要身体辅助方可独立画出方形； 4分：在身体辅助下也不能独立画出方形，或无法配合完成评估		
	P1.4 能运用颜色	P1.4.1 能认识三原色	P1.4.1.1 能指出三原色	指出三原色（红色、黄色、蓝色）	红色、黄色、蓝色的卡纸	1.观察法。教师及主要照顾者对学生的课堂及日常进行观察。 2.测验法。评估者出示红色、黄色、蓝色的卡纸，让评估对象按评估者指令指出颜色	评估者说："请你指一指红色/蓝色/黄色。"	0分：能指出三原色，且用时较短； 1分：能指出三原色，但用时较长； 2分：能指出三原色中的两种； 3分：能指出三原色中的一种； 4分：不能指出三原色		

续表

Ⅰ级目标	Ⅱ级目标	Ⅲ级目标	Ⅳ级目标	评估项目	评估材料	评估方法	评估指导语	评估标准	评估结果	备注
P1 绘画	P1.4 能运用颜色	P1.4.1 能涂色	P1.4.1.1 能使用基本的握笔姿势涂色	使用基本的握笔姿势涂色	白纸、水彩笔	1.观察法。教师及主要照顾者对学生的课堂及日常进行观察。 2.测验法。评估者出示白纸、水彩笔，请评估对象用水彩笔在白纸上涂色。评估者观察评估对象涂色的握笔姿势	评估者说："请你在白色纸上涂色。"	**0分**：不需要任何辅助即可使用基本的握笔姿势涂色，且用时较短、质量较好； **1分**：不需要任何辅助即可使用基本的握笔姿势涂色，但用时较长或质量一般； **2分**：仅需要提示或示范中的一种辅助即可使用基本的握笔姿势涂色； **3分**：需要身体辅助方可使用基本的握笔姿势涂色； **4分**：在身体辅助下也不能使用基本的握笔姿势涂色，或无法配合完成评估		

续表

Ⅰ级目标	Ⅱ级目标	Ⅲ级目标	Ⅳ级目标	评估项目	评估材料	评估方法	评估指导语	评估标准	评估结果	备注
P1 绘画	P1.4 能运用颜色	P1.4.1 能涂色	P1.4.1.2 能使用评估者所指定的颜色涂色	使用评估者所指定的颜色涂色	蜡笔、白纸、水彩笔、彩色铅笔	1.观察法。教师及主要照顾者对学生的课堂及日常进行观察。2.测验法。评估者出示白色纸，请评估对象用蜡笔、水彩笔或彩色铅笔在白色纸上涂指定颜色	评估者说："用红色/黄色/蓝色的笔在白色纸上涂色。"	0分：不需要任何辅助即可使用评估者所指定的颜色涂色，且用时较短、质量较好；1分：不需要任何辅助即可使用评估者所指定的颜色涂色，但用时较长或质量一般；2分：仅需要提示或示范中的一种辅助即可使用评估者所指定的颜色涂色；3分：需要身体辅助方可使用评估者所指定的颜色涂色；4分：在身体辅助下也不能使用评估者所指定的颜色涂色，或无法配合完成评估		
			P1.4.1.3 能在评估者指定的范围内用指定的颜色涂色	在评估者指定的范围内用指定的颜色涂色	蜡笔、白纸、水彩笔、彩色铅笔	1.观察法。教师及主要照顾者对学生的课堂及日常进行观察。2.测验法。评估者在白纸上画出圆形，请评估对象用蜡笔、水彩笔或彩色铅笔在形状内涂色	评估者说："请你用红色/黄色/蓝色的笔在圆形里涂色，不要涂出界。"	0分：不需要任何辅助即可在评估者指定的范围内涂色，且用时较短、质量较好；1分：不需要任何辅助即可在评估者指定的范围内涂色，但用时较长或质量一般；2分：仅需要提示或示范中的一种辅助即可在评估者指定的范围内涂色；3分：需要身体辅助方可在评估者指定的范围内涂色；4分：在身体辅助下也不能在评估者指定的范围内涂色，或无法配合完成评估		

续表

I级目标	II级目标	III级目标	IV级目标	评估项目	评估材料	评估方法	评估指导语	评估标准	评估结果	备注
P2 手工	P2.1 能进行平面操作	P2.1.1 能撕纸	P2.1.1.1 能随意地撕纸	随意地撕纸	白纸	1.观察法。教师及主要照顾者对学生的课堂及日常进行观察。2.测验法。评估者出示白纸，让评估对象随意把纸张撕成若干较大的碎片	评估者说："请你撕一撕这张纸，随便撕。"	0分：不需要任何辅助即可随意地撕纸，且用时较短、质量较好；1分：不需要任何辅助即可随意地撕纸，但用时较长或质量一般；2分：仅需要提示或示范中的一种辅助即可随意地撕纸；3分：需要身体辅助方可随意地撕纸；4分：在身体辅助下也不能随意地撕纸，或无法配合完成评估		
			P2.1.1.2 能沿直线将纸张撕成两半	沿直线将纸张撕成两半	画有直线的白纸、铅笔	1.观察法。教师及主要照顾者对学生的课堂及日常进行观察。2.测验法。评估者出示画有直线的白纸，让评估对象沿着直线把纸张撕成两半	评估者说："请你沿直线把纸撕成两半。"	0分：不需要任何辅助即可沿直线将纸张撕成两半，且用时较短、质量较好；1分：不需要任何辅助即可沿直线将纸张撕成两半，但用时较长或质量一般；2分：仅需要提示或示范中的一种辅助即可沿直线将纸张撕成两半；3分：需要身体辅助方可沿直线将纸张撕成两半；4分：在身体辅助下也不能沿直线将纸张撕成两半，或无法配合完成评估		

续表

Ⅰ级目标	Ⅱ级目标	Ⅲ级目标	Ⅳ级目标	评估项目	评估材料	评估方法	评估指导语	评估标准	评估结果	备注
P2 手工	P2.1 能进行平面操作	P2.1.1 能撕纸	P2.1.1.3 能沿直线撕出稍细的纸条	沿直线撕出稍细的纸条	画有直线的白纸、铅笔	1.观察法。教师及主要照顾者对学生的课堂及日常进行观察。2.测验法。评估者出示画有直线的白纸，让评估对象沿着直线撕纸	评估者说："请你沿直线撕纸。"	0分：不需要任何辅助即可沿直线撕出稍细的纸条，且用时较短、质量较好；1分：不需要任何辅助即可沿直线撕出稍细的纸条，但用时较长或质量一般；2分：仅需要提示或示范中的一种辅助即可沿直线撕出稍细的纸条；3分：需要身体辅助方可沿直线撕出稍细的纸条；4分：在身体辅助下也不能沿直线撕出稍细的纸条，或无法配合完成评估		
		P2.1.2 能使用固体胶和会粘贴	P2.1.2.1 能使用固体胶	使用固体胶	固体胶、白纸	1.观察法。教师及主要照顾者对学生的课堂及日常进行观察。2.测验法。评估者出示固体胶，让评估对象打开并在白纸上涂抹	评估者说："请你打开固体胶并在纸上涂抹。"	0分：不需要任何辅助即可使用固体胶，且用时较短、质量较好；1分：不需要任何辅助即可使用固体胶，但用时较长或质量一般；2分：仅需要提示或示范中的一种辅助即可使用固体胶；3分：需要身体辅助方可使用固体胶；4分：在身体辅助下也不能使用固体胶，或无法配合完成评估		

续表

Ⅰ级目标	Ⅱ级目标	Ⅲ级目标	Ⅳ级目标	评估项目	评估材料	评估方法	评估指导语	评估标准	评估结果	备注
P2 手工	P2.1 能进行平面操作	P2.1.2 能使用固体胶和会粘贴	P2.1.2.2 能将纸片粘贴在指定的位置	将纸片粘贴在指定的位置	固体胶、纸片	1.观察法。教师及主要照顾者对学生的课堂及日常进行观察。2.测验法。评估者出示涂抹有固体胶的纸片，请评估对象粘贴在指定的位置	评估者说："请你把纸片粘在这里。"	**0分**：不需要任何辅助即可将纸片粘贴在指定位置，且用时较短、质量较好；**1分**：不需要任何辅助即可将纸片粘贴在指定位置，但用时较长或质量一般；**2分**：仅需要提示或示范中的一种辅助即可将纸片粘贴在指定位置；**3分**：需要身体辅助方可将纸片粘贴在指定位置；**4分**：在身体辅助下也不能将纸片粘贴在指定位置，或无法配合完成评估		
		P2.1.3 能使用剪刀	P2.1.3.1 能用剪刀随意剪纸	用剪刀随意地剪纸	剪刀、纸	1.观察法。教师及主要照顾者对学生的课堂及日常进行观察。2.测验法。评估者出示剪刀和纸，让评估对象剪纸	评估者说："请你剪纸。"	**0分**：不需要任何辅助即可用剪刀随意地剪纸，且用时较短、质量较好；**1分**：不需要任何辅助即可用剪刀随意地剪纸，但用时较长或质量一般；**2分**：仅需要提示或示范中的一种辅助即可用剪刀随意地剪纸；**3分**：需要身体辅助方可用剪刀随意地剪纸；**4分**：在身体辅助下也不能用剪刀随意地剪纸，或无法配合完成评估		

续表

Ⅰ级目标	Ⅱ级目标	Ⅲ级目标	Ⅳ级目标	评估项目	评估材料	评估方法	评估指导语	评估标准	评估结果	备注
P2 手工	P2.1 能进行平面操作	P2.1.3 能使用剪刀	P2.1.3.2 能使用剪刀剪直线	使用剪刀剪直线	剪刀、画有直线的纸	1.观察法。教师及主要照顾者对学生的课堂及日常进行观察。 2.测验法。评估者出示画有直线的纸和剪刀，让评估对象沿着直线剪纸	评估者说："请你沿着直线剪纸。"	0分：不需要任何辅助即可使用剪刀剪直线，且用时较短、质量较好； 1分：不需要任何辅助即可使用剪刀剪直线，但用时较长或质量一般； 2分：仅需要提示或示范中的一种辅助即可使用剪刀剪直线； 3分：需要身体辅助方可使用剪刀剪直线； 4分：在身体辅助下也不能使用剪刀剪直线，或无法配合完成评估		
			P2.1.3.3 能使用剪刀剪曲线	使用剪刀剪曲线	剪刀、画有曲线的纸	1.观察法。教师及主要照顾者对学生的课堂及日常进行观察。 2.测验法。评估者出示画有曲线的纸和剪刀，让评估对象沿着曲线剪纸	评估者说："请你沿着曲线剪纸。"	0分：不需要任何辅助即可使用剪刀剪曲线，且用时较短、质量较好； 1分：不需要任何辅助即可使用剪刀剪曲线，但用时较长或质量一般； 2分：仅需要提示或示范中的一种辅助即可使用剪刀剪曲线； 3分：需要身体辅助方可使用剪刀剪曲线； 4分：在身体辅助下也不能使用剪刀剪曲线，或无法配合完成评估		

续表

I级目标	II级目标	III级目标	IV级目标	评估项目	评估材料	评估方法	评估指导语	评估标准	评估结果	备注
P2 手工	P2.2 能进行立体操作	P2.2.1 能折纸	P2.2.1.1 能将纸随意折叠	将纸随意折叠	纸	1.观察法。教师及主要照顾者对学生的课堂及日常进行观察。2.测验法。评估者出示纸让评估对象随意折叠纸片（非揉搓纸片）	评估者说："请你折一折这张纸。"	0分：不需要任何辅助即可将纸随意折叠，且用时较短、质量较好；1分：不需要任何辅助即可将纸随意折叠，但用时较长或质量一般；2分：仅需要提示或示范中的一种辅助即可将纸随意折叠；3分：需要身体辅助方可将纸随意折叠；4分：在身体辅助下也不能将纸随意折叠，或无法配合完成评估		
			P2.2.1.2 能将长方形纸片沿对边折成小长方形	将长方形纸片沿对边折成小长方形	长方形纸片	1.观察法。教师及主要照顾者对学生的课堂及日常进行观察。2.测验法。评估者示范将长方形纸片对折成小长方形，让评估对象观察	评估者说："请你和我折一样的。"	0分：不需要任何辅助即可将长方形纸片沿对边折成小长方形，且用时较短、质量较好；1分：不需要任何辅助即可将长方形纸片沿对边折成小长方形，但用时较长或质量一般；2分：仅需要提示或示范中的一种辅助即可将长方形纸片沿对边折成小长方形；3分：需要身体辅助方可将长方形纸片沿对边折成小长方形；4分：在身体辅助下也不能将长方形纸片沿对边折成小长方形，或无法配合完成评估		

续表

Ⅰ级目标	Ⅱ级目标	Ⅲ级目标	Ⅳ级目标	评估项目	评估材料	评估方法	评估指导语	评估标准	评估结果	备注
P2 手工	P2.2 能进行立体操作	P2.2.1 能折纸	P2.2.1.3 能将正方形纸片对折再对折成小正方形	将正方形纸片对折再对折成小正方形	正方形纸片	1.观察法。教师及主要照顾者对学生的课堂及日常进行观察。2.测验法。评估者示范将正方形的纸片先对折成长方形，再对折成小正方形，让评估对象观察	评估者说："请你和我折一样的。"	0分：不需要任何辅助即可将正方形纸片对折再对折成小正方形，且用时较短、质量较好；1分：不需要任何辅助即可将正方形纸片对折再对折成小正方形，但用时较长或质量一般；2分：仅需要提示或示范中的一种辅助即可将正方形纸片对折再对折成小正方形；3分：需要身体辅助方可将正方形纸片对折再对折成小正方形；4分：在身体辅助下也不能将正方形纸片对折再对折成小正方形，或无法配合完成评估		
			P2.2.1.4 能将正方形纸片沿对角折成三角形	将正方形纸片沿对角折成三角形	正方形纸片	1.观察法。教师及主要照顾者对学生的课堂及日常进行观察。2.测验法。评估者示范将正方形纸片沿对角折成三角形，让评估对象观察	评估者说："请你和我折一样的。"	0分：不需要任何辅助即可将正方形纸片沿对角折成三角形，且用时较短、质量较好；1分：不需要任何辅助即可将正方形纸片沿对角折成三角形，但用时较长或质量一般；2分：仅需要提示或示范中的一种辅助即可将正方形纸片沿对角折成三角形；3分：需要身体辅助方可将正方形纸片沿对角折成三角形；4分：在身体辅助下也不能将正方形纸片沿对角折成三角形，或无法配合完成评估		

续表

Ⅰ级目标	Ⅱ级目标	Ⅲ级目标	Ⅳ级目标	评估项目	评估材料	评估方法	评估指导语	评估标准	评估结果	备注
P2 手工	P2.2 能进行立体操作	P2.2.1 能折纸	P2.2.1.5 能将正方形纸片沿对角折2次折成小三角形	将正方形纸片沿对角折2次折成小三角形	正方形纸片	1.观察法。教师及主要照顾者对学生的课堂及日常进行观察。2.测验法。评估者示范将正方形纸片沿对角折2次折成小三角形，让评估对象观察	评估者说："请你和我折一样的。"	0分：不需要任何辅助即可将正方形纸片沿对角折2次折成小三角形，且用时较短、质量较好；1分：不需要任何辅助即可将正方形纸片沿对角折2次折成小三角形，但用时较长或质量一般；2分：仅需要提示或示范中的一种辅助即可将正方形纸片沿对角折2次折成小三角形；3分：需要身体辅助方可将正方形纸片沿对角折2次折成小三角形；4分：在身体辅助下也不能将正方形纸片沿对角折2次折成小三角形，或无法配合完成评估		
		P2.2.2 能使用橡皮泥等常见塑形材料	P2.2.2.1 能使用橡皮泥等材料随意搓揉	使用橡皮泥等材料随意搓揉	橡皮泥/粘土	1.观察法。教师及主要照顾者对学生的课堂及日常进行观察。2.测验法。评估者出示橡皮泥/粘土，让评估对象随意搓揉	评估者说："请你搓一搓、揉一揉橡皮泥/粘土。"	0分：不需要任何辅助即可使用橡皮泥等材料随意搓揉，且用时较短、质量较好；1分：不需要任何辅助即可使用橡皮泥等材料随意搓揉，但用时较长或质量一般；2分：仅需要提示或示范中的一种辅助即可使用橡皮泥等材料随意搓揉；3分：需要身体辅助方可使用橡皮泥等材料随意搓揉；4分：在身体辅助下也不能使用橡皮泥等材料随意搓揉，或无法配合完成评估		

续表

Ⅰ级目标	Ⅱ级目标	Ⅲ级目标	Ⅳ级目标	评估项目	评估材料	评估方法	评估指导语	评估标准	评估结果	备注
P2 手工	P2.2 能进行立体操作	P2.2.2 能使用橡皮泥等常见塑形材料	P2.2.2.2 能按压橡皮泥等材料的圆团	按压橡皮泥等材料的圆团	橡皮泥/粘土	1.观察法。教师及主要照顾者对学生的课堂及日常进行观察。2.测验法。评估者出示揉好的圆团，让评估对象将圆团压扁	评估者说："请你把圆团压扁。"	0分：不需要任何辅助即可按压橡皮泥等材料的圆团，且用时较短、质量较好；1分：不需要任何辅助即可按压橡皮泥等材料的圆团，但用时较长或质量一般；2分：仅需要提示或示范中的一种辅助即可按压橡皮泥等材料的圆团；3分：需要身体辅助方可按压橡皮泥等材料的圆团；4分：在身体辅助下也不能按压橡皮泥等材料的圆团，或无法配合完成评估		
			P2.2.2.3 能使用橡皮泥等材料搓成长条	使用橡皮泥等材料搓成长条	橡皮泥/粘土	1.观察法。教师及主要照顾者对学生的课堂及日常进行观察。2.测验法。评估者出示橡皮泥等材料，让评估对象搓成长条	评估者说："请你把橡皮泥搓成长条。"	0分：不需要任何辅助即可使用橡皮泥等材料搓成长条，且用时较短、质量较好；1分：不需要任何辅助即可使用橡皮泥等材料搓成长条，但用时较长或质量一般；2分：仅需要提示或示范中的一种辅助即可使用橡皮泥等材料搓成长条；3分：需要身体辅助方可使用橡皮泥等材料搓成长条；4分：在身体辅助下也不能使用橡皮泥等材料搓成长条，或无法配合完成评估		

续表

Ⅰ级目标	Ⅱ级目标	Ⅲ级目标	Ⅳ级目标	评估项目	评估材料	评估方法	评估指导语	评估标准	评估结果	备注
P2 手工	P2.2 能进行立体操作	P2.2.2 能使用橡皮泥等常见塑形材料	P2.2.2.4 能使用橡皮泥等材料搓成球形	使用橡皮泥等材料搓成球形	橡皮泥	1.观察法。教师及主要照顾者对学生的课堂及日常进行观察。2.测验法。评估者出示橡皮泥等材料，让评估对象搓成球形	评估者说："请你把橡皮泥搓成球形。"	0分：不需要任何辅助即可使用橡皮泥等材料搓成球形，且用时较短、质量较好；1分：不需要任何辅助即可使用橡皮泥等材料搓成球形，但用时较长或质量一般；2分：仅需要提示或示范中的一种辅助即可使用橡皮泥等材料搓成球形；3分：需要身体辅助方可使用橡皮泥等材料搓成球形；4分：在身体辅助下也不能使用橡皮泥等材料搓成球形，或无法配合完成评估		

运动与保健课程评估

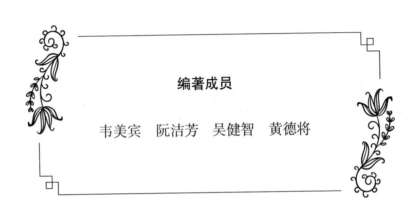

编著成员

韦美宾　阮洁芳　吴健智　黄德将

运动与保健课程评估一览表

Ⅰ级目标	Ⅱ级目标	Ⅲ级目标	Ⅳ级目标	评估项目	评估材料	评估方法	评估指导语	评估标准	评估结果	备注
S1 运动参与	S1.1 能参与体育运动学习和锻炼	S1.1.1 能建立课堂常规	S1.1.1.1 能根据指令或动作集合	根据指令或动作集合	无	1.观察法。教师及主要照顾者对学生的课堂及日常进行观察。 2.测验法。评估者发出指令/做出集合的动作，观察评估对象能否做出对应的动作	评估者说："集合。"	0分：不需要任何辅助即可根据指令或动作集合，且用时较短、质量较好； 1分：不需要任何辅助即可根据指令或动作集合，但用时较长或质量一般； 2分：仅需要提示或示范中的一种辅助即可根据指令或动作集合； 3分：在身体辅助下方可根据指令或动作集合； 4分：在身体辅助下也不能集合，或无法配合完成评估		
			S1.1.1.2 能根据指令或动作解散	根据指令或动作解散	无	1.观察法。教师及主要照顾者对学生的课堂及日常进行观察。 2.测验法。评估者发出指令/做出解散的动作，观察评估对象能否做出对应的动作	评估者说："解散。"	0分：不需要任何辅助即可根据指令或动作解散，且用时较短、质量较好； 1分：不需要任何辅助即可根据指令或动作解散，但用时较长或质量一般； 2分：仅需要提示或示范中的一种辅助即可根据指令或动作解散； 3分：在身体辅助下方可根据指令或动作解散； 4分：在身体辅助下也不能解散，或无法配合完成评估		

续表

Ⅰ级目标	Ⅱ级目标	Ⅲ级目标	Ⅳ级目标	评估项目	评估材料	评估方法	评估指导语	评估标准	评估结果	备注
S1 运动参与	S1.1 能参与体育运动学习和锻炼	S1.1.1 能建立课堂常规	S1.1.1.3 能根据指令进行队列的变化	根据指令进行队列的变化（如一排变成两排）	无	1.观察法。教师及主要照顾者对学生的课堂及日常进行观察。2.访谈法。访谈教师或主要照顾者	评估者问："请问××能不能根据指令进行队列的变化？比如一排变成两排。"	0分：不需要任何辅助即可在听到指令后进行队列的变化，且用时较短、质量较好；1分：不需要任何辅助即可在听到指令后进行队列的变化，但用时较长或质量一般；2分：仅需要提示或示范中的一种辅助即可进行队列的变化；3分：在身体辅助下方可进行队列的变化；4分：在身体辅助下也不能进行队列的变化，或无法配合完成评估		
		S1.1.2 有参与体育运动的兴趣	S1.1.2.1 能主动参与体育运动	主动参与体育运动	无	1.观察法。教师及主要照顾者对学生的课堂及日常进行观察。2.访谈法。访谈教师或主要照顾者	评估者问："请问××能不能主动参与体育运动？"	0分：不需要任何辅助即可主动参与体育运动，且用时较短、质量较好；1分：不需要任何辅助即可主动参与体育运动，但用时较长或质量一般；2分：仅需要提示或示范中的一种辅助即可参与体育活动；3分：在身体辅助下方可参与体育运动；4分：在身体辅助下也不能参与体育运动，或无法配合完成评估		
S2 运动技能	S2.1 会学习体育运动知识	S2.1.1 能模仿体育动作	S2.1.1.1 能模仿简单的体育动作	模仿简单的体育动作（如转头、蹲起等）	无	1.观察法。教师及主要照顾者对学生的课堂及日常进行观察。2.测验法。评估者做出转头/蹲起的动作，请评估对象模仿	评估者说："请你跟我做一样的。"	0分：不需要任何辅助即可模仿简单的体育动作，且用时较短、质量较好；1分：不需要任何辅助即可模仿简单的体育动作，但用时较长或质量一般；2分：仅需要提示即可模仿简单的体育动作；3分：在身体辅助下方可模仿简单的体育动作；4分：在身体辅助下也不能模仿简单的体育动作，或无法配合完成评估		

续表

Ⅰ级目标	Ⅱ级目标	Ⅲ级目标	Ⅳ级目标	评估项目	评估材料	评估方法	评估指导语	评估标准	评估结果	备注
S2 运动技能	S2.1 会学习体育运动知识	S2.1.2 能根据指令做出对应身体部位动作	S2.1.2.1 能根据指令做出头部动作	根据指令做出头部动作（如点头、仰头等）	无	1.观察法。教师及主要照顾者对学生的课堂及日常进行观察。2.测验法。评估者发出指令，观察评估对象是否根据指令做出对应动作	评估者说："点头/仰头。"	0分：不需要任何辅助即可在听到指令后做出头部动作，且用时较短、质量较好；1分：不需要任何辅助即可在听到指令后做出头部动作，但用时较长或质量一般；2分：仅需要提示或示范中的一种辅助即可做出头部动作；3分：在身体辅助下方可做出头部动作；4分：在身体辅助下也不能做出头部动作，或无法配合完成评估		
			S2.1.2.2 能根据指令做出腰部动作	根据指令做出腰部动作（如扭腰、弯腰等）	无	1.观察法。教师及主要照顾者对学生的课堂及日常进行观察。2.测验法。评估者发出指令，观察评估对象是否能根据指令做出对应动作	评估者说："扭腰/弯腰。"	0分：不需要任何辅助即可在听到指令后做出腰部动作，且用时较短、质量较好；1分：不需要任何辅助即可在听到指令后做出腰部动作，但用时较长或质量一般；2分：仅需要提示或示范中的一种辅助即可做出腰部动作；3分：在身体辅助下方可做出腰部动作；4分：在身体辅助下也不能做出腰部动作，或无法配合完成评估		

续表

Ⅰ级目标	Ⅱ级目标	Ⅲ级目标	Ⅳ级目标	评估项目	评估材料	评估方法	评估指导语	评估标准	评估结果	备注
S2 运动技能	S2.1 会学习体育运动知识	S2.1.2 能根据指令做出对应身体部位动作	S2.1.2.3 能根据指令做出腿部动作	根据指令做出腿部动作（如踏步、踢腿等）	无	1.观察法。教师及主要照顾者对学生的课堂及日常进行观察。2.测验法。评估者发出指令，观察评估对象是否能根据指令做出对应动作	评估者说："踏步/踢腿。"	0分：不需要任何辅助即可在听到指令后做出腿部动作，且用时较短、质量较好；1分：不需要任何辅助即可在听到指令后做出腿部动作，但用时较长或质量一般；2分：仅需要提示或示范中的一种辅助即可做出腿部动作；3分：在身体辅助下方可做出腿部动作；4分：在身体辅助下也不能做出腿部动作，或无法配合完成评估		
		S2.1.3 能说出所学的动作	S2.1.3.1 能根据头部动作说出动作名称	根据头部动作说出动作名称（如点头、仰头等）	无	1.观察法。教师及主要照顾者对学生的课堂及日常进行观察。2.测验法。评估者做出点头/仰头的动作，请评估对象说出动作名称	评估者问："这是什么动作？"	0分：不需要任何辅助即可说出动作名称，且用时较短、质量较好；1分：不需要任何辅助即可说出动作名称，但用时较长或质量一般；2分：仅需要语言提示即可说出动作名称，且用时较短、质量较好；3分：需要语言示范方可说出动作名称，但用时较长或质量一般；4分：在语言示范下也不能说出动作名称，或无法配合完成评估		

续表

Ⅰ级目标	Ⅱ级目标	Ⅲ级目标	Ⅳ级目标	评估项目	评估材料	评估方法	评估指导语	评估标准	评估结果	备注
S2 运动技能	S2.1 会学习体育运动知识	S2.1.3 能说出所学的动作	S2.1.3.2 能根据腰部动作说出动作名称	根据腰部动作说出动作名称（如扭腰、弯腰等）	无	1.观察法。教师及主要照顾者对学生的课堂及日常进行观察。2.测验法。评估者做出扭腰/弯腰的动作，请评估对象说出动作名称	评估者问："这是什么动作？"	**0分**：不需要任何辅助即可说出动作名称，且用时较短、质量较好； **1分**：不需要任何辅助即可说出动作名称，但用时较长或质量一般； **2分**：仅需要语言提示即可说出动作名称，且用时较短、质量较好； **3分**：需要语言示范方可说出动作名称，但用时较长或质量一般； **4分**：在语言示范下也不能说出动作名称，或无法配合完成评估		
			S2.1.3.3 能根据腿部动作说出动作名称	根据腿部动作说出动作名称（如踏步、踢腿等）	无	1.观察法。教师及主要照顾者对学生的课堂及日常进行观察。2.测验法。评估者做出踏步/踢腿的动作，请评估对象说出动作名称	评估者问："这是什么动作？"	**0分**：不需要任何辅助即可说出动作名称，且用时较短、质量较好； **1分**：不需要任何辅助即可说出动作名称，但用时较长或质量一般； **2分**：仅需要语言提示即可说出动作名称，且用时较短、质量较好； **3分**：需要语言示范方可说出动作名称，但用时较长或质量一般； **4分**：在语言示范下也不能说出动作名称，或无法配合完成评估		
		S2.1.4 能初步了解运动现象	S2.1.4.1 能根据哨声的快慢调整运动的节奏	根据哨声的快慢调整运动的节奏（如快走、慢走）	哨子	1.观察法。教师及主要照顾者对学生的课堂及日常进行观察。2.测验法。评估者吹哨，要求评估对象根据哨声的快慢调整运动的节奏	评估者说："请你在听到哨声快的时候快走，哨声慢的时候慢走。"	**0分**：不需要任何辅助即可根据哨声的快慢调整运动的节奏，用时较短或质量较好； **1分**：不需要任何辅助即可根据哨声的快慢调整运动的节奏，但质量一般或用时较长； **2分**：仅需要提示或示范中的一种辅助即可根据哨声的快慢调整运动的节奏； **3分**：在身体辅助下方可根据哨声的快慢调整运动的节奏； **4分**：在身体辅助下也不能根据哨声的快慢调整运动的节奏，或无法配合完成评估		

续表

Ⅰ级目标	Ⅱ级目标	Ⅲ级目标	Ⅳ级目标	评估项目	评估材料	评估方法	评估指导语	评估标准	评估结果	备注
S2 运动技能	S2.1 会学习体育运动知识	S2.1.5 能模仿同类动作的不同变化	S2.1.5.1 能模仿沿着直线走、沿着曲线走	模仿沿着直线走、沿着曲线走	粉笔/电工胶	1.观察法。教师及主要照顾者对学生的课堂及日常进行观察。2.测验法。评估者在地板上画出/贴出直线和曲线，并示范沿着直线走、沿着曲线走，请评估对象模仿一样的动作	评估者说："请你跟我做一样的。"	0分：不需要任何辅助即可在听到指令后模仿沿着直线走、沿着曲线走，且用时较短、质量较好；1分：不需要任何辅助即可在听到指令后模仿沿着直线走、沿着曲线走，但用时较长或质量一般；2分：仅需要提示即可模仿沿着直线走、沿着曲线走；3分：在身体辅助下方可模仿沿着直线走、沿着曲线走；4分：在身体辅助下也不能模仿沿着直线走、沿着曲线走，或无法配合完成评估		
	S2.2 能掌握运动技能和方法	S2.2.1 能初步做出基本的身体活动动作	S2.2.1.1 能做出跑的基本动作	做出跑的基本动作	无	1.观察法。教师及主要照顾者对学生的课堂及日常进行观察。2.测验法。评估者发出指令/做出跑的动作，观察评估对象是否能做出对应动作	评估者说："请你跑一跑。"	0分：不需要任何辅助即可在听到指令后做出跑的基本动作，且用时较短、质量较好；1分：不需要任何辅助即可在听到指令后做出跑的基本动作，但用时较长或质量一般；2分：仅需要提示即可做出跑的基本动作；3分：在身体辅助下方可做出跑的基本动作；4分：在身体辅助下也不能做出跑的基本动作，或无法配合完成评估		

续表

I级目标	II级目标	III级目标	IV级目标	评估项目	评估材料	评估方法	评估指导语	评估标准	评估结果	备注
S2 运动技能	S2.2 能掌握运动技能和方法	S2.2.1 能初步做出基本的身体活动动作	S2.2.1.2 能做出跳的基本动作	做出跳的基本动作	无	1.观察法。教师及主要照顾者对学生的课堂及日常进行观察。 2.测验法。评估者发出指令/做出跳的动作，观察评估对象是否能做出对应动作	评估者说："请你跳一跳。"	0分：不需要任何辅助即可在听到指令后做出跳的基本动作，且用时较短、质量较好； 1分：不需要任何辅助即可在听到指令后做出跳的基本动作，但用时较长或质量一般； 2分：仅需要提示即可做出跳的基本动作； 3分：在身体辅助下方可做出跳的基本动作； 4分：在身体辅助下也不能做出跳的基本动作，或无法配合完成评估		
			S2.2.1.3 能做出接的基本动作	做出接的基本动作	篮球	1.观察法。教师及主要照顾者对学生的课堂及日常进行观察。 2.测验法。评估者发出指令/做出接的动作，观察评估对象是否能做出对应动作	评估者说："请你接球。"	0分：不需要任何辅助即可在听到指令后做出接的基本动作，且用时较短、质量较好； 1分：不需要任何辅助即可在听到指令后做出接的基本动作，但用时较长或质量一般； 2分：仅需要提示即可做出接的基本动作； 3分：在身体辅助下方可做出接的基本动作； 4分：在身体辅助下也不能做出接的基本动作，或无法配合完成评估		

续表

Ⅰ级目标	Ⅱ级目标	Ⅲ级目标	Ⅳ级目标	评估项目	评估材料	评估方法	评估指导语	评估标准	评估结果	备注
S2 运动技能	S2.2 能掌握运动技能和方法	S2.2.1 能初步做出基本的身体活动动作	S2.2.1.4 能做出抛的基本动作	做出抛的基本动作	篮球	1.观察法。教师及主要照顾者对学生的课堂及日常进行观察。2.测验法。评估者发出指令/做出抛的动作，观察评估对象是否能做出对应动作	评估者说："请你抛球。"	0分：不需要任何辅助即可在听到指令后做出抛的基本动作，且用时较短、质量较好；1分：不需要任何辅助即可在听到指令后做出抛的基本动作，但用时较长或质量一般；2分：仅需要提示即可做出抛的基本动作；3分：在身体辅助下方可做出抛的基本动作；4分：在身体辅助下也不能做出抛的基本动作，或无法配合完成评估		
			S2.2.1.5 能做出投的基本动作	做出投的基本动作	篮球、球框	1.观察法。教师及主要照顾者对学生的课堂及日常进行观察。2.测验法。评估者发出指令/做出投的动作，观察评估对象是否能做出对应动作	评估者说："请你投球。"	0分：不需要任何辅助即可在听到指令后做出投的基本动作，且用时较短、质量较好；1分：不需要任何辅助即可在听到指令后做出投的基本动作，但用时较长或质量一般；2分：仅需要提示即可做出投的基本动作；3分：在身体辅助下方可做出投的基本动作；4分：在身体辅助下也不能做出投的基本动作，或无法配合完成评估		

续表

Ⅰ级目标	Ⅱ级目标	Ⅲ级目标	Ⅳ级目标	评估项目	评估材料	评估方法	评估指导语	评估标准	评估结果	备注
S2 运动技能	S2.2 能掌握运动技能和方法	S2.2.1 能初步做出基本的身体活动动作	S2.2.1.6 能做出爬的基本动作	做出爬的基本动作	瑜伽垫	1.观察法。教师及主要照顾者对学生的课堂及日常进行观察。 2.测验法。评估者铺好瑜伽垫，发出指令/做出爬的动作，观察评估对象是否能做出对应动作	评估者说："请你从垫子上爬过去。"	0分：不需要任何辅助即可在听到指令后做出爬的基本动作，且用时较短、质量较好； 1分：不需要任何辅助即可在听到指令后做出爬的基本动作，但用时较长或质量一般； 2分：仅需要提示即可做出爬的基本动作； 3分：在身体辅助下方可做出爬的基本动作； 4分：在身体辅助下也不能做出爬的基本动作，或无法配合完成评估		
			S2.2.1.7 能做出滚的基本动作	做出滚的基本动作	瑜伽垫	1.观察法。教师及主要照顾者对学生的课堂及日常进行观察。 2.测验法。评估者铺好瑜伽垫，发出指令/做出滚的动作，观察评估对象是否能做出对应动作	评估者说："请你从垫子上滚过去。"	0分：不需要任何辅助即可在听到指令后做出滚的基本动作，且用时较短、质量较好； 1分：不需要任何辅助即可在听到指令后做出滚的基本动作，但用时较长或质量一般； 2分：仅需要提示即可做出滚的基本动作； 3分：在身体辅助下方可做出滚的基本动作； 4分：在身体辅助下也不能做出滚的基本动作，或无法配合完成评估		

续表

Ⅰ级目标	Ⅱ级目标	Ⅲ级目标	Ⅳ级目标	评估项目	评估材料	评估方法	评估指导语	评估标准	评估结果	备注
S2 运动技能	S2.2 能掌握运动技能和方法	S2.2.2 能初步掌握基本的身体活动方法	S2.2.2.1 能原地向上跳	原地向上跳	无	1.观察法。教师及主要照顾者对学生的课堂及日常进行观察。2.测验法。评估者发出指令/示范原地向上跳，观察评估对象是否能做出对应动作	评估者说："请你原地向上跳。"	0分：不需要任何辅助即可在听到指令后原地向上跳，且用时较短、质量较好；1分：不需要任何辅助即可在听到指令后原地向上跳，但用时较长或质量一般；2分：仅需要提示即可原地向上跳；3分：在身体辅助下方可原地向上跳；4分：在身体辅助下也不能原地向上跳，或无法配合完成评估		
			S2.2.2.2 能往左跳	往左跳	无	1.观察法。教师及主要照顾者对学生的课堂及日常进行观察。2.测验法。评估者发出指令/示范往左跳，观察评估对象是否能做出对应动作	评估者说："请你往左跳。"	0分：不需要任何辅助即可在听到指令后往左跳，且用时较短、质量较好；1分：不需要任何辅助即可在听到指令后往左跳，但用时较长或质量一般；2分：仅需要提示即可往左跳；3分：在身体辅助下方可往左跳；4分：在身体辅助下也不能往左跳，或无法配合完成评估		

续表

Ⅰ级目标	Ⅱ级目标	Ⅲ级目标	Ⅳ级目标	评估项目	评估材料	评估方法	评估指导语	评估标准	评估结果	备注
S2 运动技能	S2.2 能掌握运动技能和方法	S2.2.2 能初步掌握基本的身体活动方法	S2.2.2.3 能往右跳	往右跳	无	1.观察法。教师及主要照顾者对学生的课堂及日常进行观察。2.测验法。评估者发出指令/示范往右跳，观察评估对象是否能做出对应动作	评估者说："请你往右跳。"	0分：不需要任何辅助即可在听到指令后往右跳，且用时较短、质量较好 1分：不需要任何辅助即可在听到指令后往右跳，但用时较长或质量一般；2分：仅需要提示即可往右跳；3分：在身体辅助下方可往右跳；4分：在身体辅助下也不能往右跳，或无法配合完成评估		
			S2.2.2.4 能投掷轻物	投掷轻物	纸团	1.观察法。教师及主要照顾者对学生的课堂及日常进行观察。2.测验法。评估者发出指令/示范投掷纸团，观察评估对象是否能做出对应动作	评估者说："请你把纸团丢出去。"	0分：不需要任何辅助即可在听到指令后投掷轻物，且用时较短、质量较好；1分：不需要任何辅助即可在听到指令后投掷轻物，但用时较长或质量一般；2分：仅需要提示即可投掷轻物；3分：在身体辅助下方可投掷轻物；4分：在身体辅助下也不能投掷轻物，或无法配合完成评估		

续表

Ⅰ级目标	Ⅱ级目标	Ⅲ级目标	Ⅳ级目标	评估项目	评估材料	评估方法	评估指导语	评估标准	评估结果	备注
S2 运动技能	S2.2 能掌握运动技能和方法	S2.2.2 能初步掌握基本的身体活动方法	S2.2.2.5 能投掷重物	投掷重物	沙袋	1.观察法。教师及主要照顾者对学生的课堂及日常进行观察。2.测验法。评估者发出指令/示范投掷沙袋，观察评估对象是否能做出对应动作	评估者说："请你把沙袋丢出去。"	0分：不需要任何辅助即可在听到指令后投掷重物，且用时较短、质量较好；1分：不需要任何辅助即可在听到指令后投掷重物，但用时较长或质量一般；2分：仅需要提示即可投掷重物；3分：在身体辅助下方可投掷重物；4分：在身体辅助下也不能投掷重物，或无法配合完成评估		
		S2.2.3 能初步学会常见的球类游戏	S2.2.3.1 能原地传球	原地传球	篮球	1.观察法。教师及主要照顾者对学生的课堂及日常进行观察。2.测验法。评估者发出指令/示范原地传球，观察评估对象是否能做出对应动作	评估者说："请你原地传球。"	0分：不需要任何辅助即可在听到指令后原地传球，且用时较短、质量较好；1分：不需要任何辅助即可在听到指令后原地传球，但用时较长或质量一般；2分：仅需要提示即可原地传球；3分：在身体辅助下方可原地传球；4分：在身体辅助下也不能原地传球，或无法配合完成评估		

续表

Ⅰ级目标	Ⅱ级目标	Ⅲ级目标	Ⅳ级目标	评估项目	评估材料	评估方法	评估指导语	评估标准	评估结果	备注
S2 运动技能	S2.2 能掌握运动技能和方法	S2.2.3 能初步学会常见的球类游戏	S2.2.3.2 能原地接球	原地接球	篮球	1.观察法。教师及主要照顾者对学生的课堂及日常进行观察。2.测验法。评估者发出指令/示范原地接球，观察评估对象是否能做出对应动作	评估者说："请你原地接球。"	0分：不需要任何辅助即可在听到指令后原地接球，且用时较短、质量较好；1分：不需要任何辅助即可在听到指令后原地接球，但用时较长或质量一般；2分：仅需要提示即可原地接球；3分：在身体辅助下方可原地接球；4分：在身体辅助下也不能原地接球，或无法配合完成评估		
			S2.2.3.3 能原地投篮	原地投篮	篮球、球框	1.观察法。教师及主要照顾者对学生的课堂及日常进行观察。2.测验法。评估者发出指令/示范原地投篮，观察评估对象是否能做出对应动作	评估者说："请你原地投篮。"	0分：不需要任何辅助即可在听到指令后原地投篮，且用时较短、质量较好；1分：不需要任何辅助即可在听到指令后原地投篮，但用时较长或质量一般；2分：仅需要提示即可原地投篮；3分：在身体辅助下方可原地投篮；4分：在身体辅助下也不能原地投篮，或无法配合完成评估		

续表

Ⅰ级目标	Ⅱ级目标	Ⅲ级目标	Ⅳ级目标	评估项目	评估材料	评估方法	评估指导语	评估标准	评估结果	备注
S2 运动技能	S2.2 能掌握运动技能和方法	S2.2.3 能初步学会常见的球类游戏	S2.2.3.4 能单脚踩足球	单脚踩足球	足球	1.观察法。教师及主要照顾者对学生的课堂及日常进行观察。2.测验法。评估者发出指令/示范单脚踩足球，观察评估对象是否能做出对应动作	评估者说："请你单脚踩足球。"	0分：不需要任何辅助即可在听到指令后单脚踩足球，且用时较短、质量较好；1分：不需要任何辅助即可在听到指令后单脚踩足球，但用时较长或质量一般；2分：仅需要提示即可单脚踩足球；3分：在身体辅助下方可单脚踩足球；4分：在身体辅助下也不能单脚踩足球，或无法配合完成评估		
			S2.2.3.5 能踢足球	踢足球	足球	1.观察法。教师及主要照顾者对学生的课堂及日常进行观察。2.测验法。评估者发出指令/示范踢足球，观察评估对象是否能做出对应动作	评估者说："请你踢足球。"	0分：不需要任何辅助即可在听到指令后踢足球，且用时较短、质量较好；1分：不需要任何辅助即可在听到指令后踢足球，但用时较长或质量一般；2分：仅需要提示即可踢足球；3分：在身体辅助下方可踢足球；4分：在身体辅助下也不能踢足球，或无法配合完成评估		

续表

I级目标	II级目标	III级目标	IV级目标	评估项目	评估材料	评估方法	评估指导语	评估标准	评估结果	备注
S2 运动技能	S2.2 能掌握运动技能和方法	S2.2.3 能初步学会常见的球类游戏	S2.2.3.6 能对着墙踢足球	对着墙踢足球	足球、墙面	1.观察法。教师及主要照顾者对学生的课堂及日常进行观察。2.测验法。评估者发出指令/示范对着墙踢足球，观察评估对象是否能做出对应动作	评估者说："请你对着墙踢足球。"	0分：不需要任何辅助即可在听到指令后对着墙踢足球，且用时较短、质量较好；1分：不需要任何辅助即可在听到指令后对着墙踢足球，但用时较长或质量一般；2分：仅需要提示即可对着墙踢足球；3分：在身体辅助下方可对着墙踢足球；4分：在身体辅助下也不能对着墙踢足球，或无法配合完成评估		
		S2.2.4 能学会队列队形的基本动作	S2.2.4.1 能根据指令做立正、稍息	根据指令做立正、稍息	无	1.观察法。教师及主要照顾者对学生的课堂及日常进行观察。2.测验法。评估者发出指令，观察评估对象是否能做出对应动作	评估者说："立正/稍息。"	0分：不需要任何辅助即可在听到指令后做立正、稍息，且用时较短、质量较好；1分：不需要任何辅助即可在听到指令后做立正、稍息，但用时较长或质量一般；2分：仅需要提示或示范中的一种辅助即可做立正、稍息；3分：在身体辅助下方可做立正、稍息；4分：在身体辅助下也不能做立正、稍息，或无法配合完成评估		

续表

I级目标	II级目标	III级目标	IV级目标	评估项目	评估材料	评估方法	评估指导语	评估标准	评估结果	备注
S2 运动技能	S2.2 能掌握运动技能和方法	S2.2.4 能学会队列队形的基本动作	S2.2.4.2 能根据指令向前看齐	根据指令向前看齐	无	1.观察法。教师及主要照顾者对学生的课堂及日常进行观察。2.测验法。评估者发出指令，观察评估对象是否能根据指令做出对应动作	评估者说："向前看齐。"	0分：不需要任何辅助即可在听到指令后向前看齐，且用时较短、质量较好；1分：不需要任何辅助即可在听到指令后向前看齐，但用时较长或质量一般；2分：仅需要提示或示范中的一种辅助即可向前看齐；3分：在身体辅助下方可向前看齐；4分：在身体辅助下也不能向前看齐，或无法配合完成评估		
			S2.2.4.3 能根据指令原地踏步	根据指令原地踏步	无	1.观察法。教师及主要照顾者对学生的课堂及日常进行观察。2.测验法。评估者发出指令，观察评估对象是否能根据指令做出对应动作	评估者说："原地踏步。"	0分：不需要任何辅助即可在听到指令后原地踏步，且用时较短、质量较好；1分：不需要任何辅助即可在听到指令后原地踏步，但用时较长或质量一般；2分：仅需要提示或示范中的一种辅助即可原地踏步；3分：在身体辅助下方可原地踏步；4分：在身体辅助下也不能原地踏步，或无法配合完成评估		

续表

Ⅰ级目标	Ⅱ级目标	Ⅲ级目标	Ⅳ级目标	评估项目	评估材料	评估方法	评估指导语	评估标准	评估结果	备注
S2 运动技能	S2.2 能掌握运动技能和方法	S2.2.4 能学会队列队形的基本动作	S2.2.4.4 能根据指令报数	根据指令报数	无	1.观察法。教师及主要照顾者对学生的课堂及日常进行观察。2.测验法。评估者发出指令，观察评估对象是否能根据指令报数	评估者说："报数。"	0分：不需要任何辅助即可在听到指令后报数，且用时较短、质量较好；1分：不需要任何辅助即可在听到指令后报数，但用时较长或质量一般；2分：仅需要提示或示范中的一种辅助即可报数；3分：在身体辅助下方可报数；4分：在身体辅助下也不能报数，或无法配合完成评估		
			S2.2.4.5 能根据指令向左转	根据指令向左转	无	1.观察法。教师及主要照顾者对学生的课堂及日常进行观察。2.测验法。评估者发出指令，观察评估对象是否能根据指令做出对应动作	评估者说："向左转。"	0分：不需要任何辅助即可在听到指令后向左转，且用时较短、质量较好；1分：不需要任何辅助即可在听到指令后向左转，但用时较长或质量一般；2分：仅需要提示或示范中的一种辅助即可向左转；3分：在身体辅助下方可向左转；4分：在身体辅助下也不能向左转，或无法配合完成评估		

续表

I级目标	II级目标	III级目标	IV级目标	评估项目	评估材料	评估方法	评估指导语	评估标准	评估结果	备注
S2 运动技能	S2.2 能掌握运动技能和方法	S2.2.4 能学会队列队形的基本动作	S2.2.4.6 能根据指令向右转	根据指令向右转	无	1.观察法。教师及主要照顾者对学生的课堂及日常进行观察。 2.测验法。评估者发出指令，观察评估对象是否能根据指令做出对应动作	评估者说："向右转。"	**0分**：不需要任何辅助即可在听到指令后向右转，且用时较短、质量较好； **1分**：不需要任何辅助即可在听到指令后向右转，但用时较长或质量一般； **2分**：仅需要提示或示范中的一种辅助即可向右转； **3分**：在身体辅助下方可向右转； **4分**：在身体辅助下也不能向右转，或无法配合完成评估		
			S2.2.4.7 能根据指令向后转	根据指令向后转	无	1.观察法。教师及主要照顾者对学生的课堂及日常进行观察。 2.测验法。评估者发出指令，观察评估对象是否能根据指令做出对应动作	评估者说："向后转。"	**0分**：不需要任何辅助即可在听到指令后向后转，且用时较短、质量较好； **1分**：不需要任何辅助即可在听到指令后向后转，但用时较长或质量一般； **2分**：仅需要提示或示范中的一种辅助即可向后转； **3分**：在身体辅助下方可向后转； **4分**：在身体辅助下也不能向后转，或无法配合完成评估		

续表

Ⅰ级目标	Ⅱ级目标	Ⅲ级目标	Ⅳ级目标	评估项目	评估材料	评估方法	评估指导语	评估标准	评估结果	备注
S2 运动技能	S2.2 能掌握运动技能和方法	S2.2.5 能学会特殊奥林匹克运动项目的基本动作	S2.2.5.1 能学会田径25米直线走	学会田径25米直线走	25米直线走场地	1.观察法。教师及主要照顾者对学生的课堂及日常进行观察。 2.测验法。评估者示范田径25米直线走，请评估对象做一样的动作	评估者说："请你跟我做一样的动作。"	0分：不需要任何辅助即可学会田径25米直线走，且用时较短、质量较好； 1分：不需要任何辅助即可学会田径25米直线走，但用时较长或质量一般； 2分：仅需要提示即可学会田径25米直线走； 3分：在身体辅助下方可学会田径25米直线走； 4分：在身体辅助下也不能学会田径25米直线走，或无法配合完成评估		
			S2.2.5.2 能学会立定跳远	学会立定跳远	无	1.观察法。教师及主要照顾者对学生的课堂及日常进行观察。 2.测验法。评估者示范立定跳远，请评估对象做一样的动作	评估者说："请你跟我做一样的动作。"	0分：不需要任何辅助即可学会立定跳远，且用时较短、质量较好； 1分：不需要任何辅助即可学会立定跳远，但用时较长或质量一般； 2分：仅需要提示即可学会立定跳远； 3分：在身体辅助下方可学会立定跳远； 4分：在身体辅助下也不能学会立定跳远，或无法配合完成评估		
			S2.2.5.3 能学会掷垒球	学会掷垒球	垒球	1.观察法。教师及主要照顾者对学生的课堂及日常进行观察。 2.测验法。评估者示范掷垒球，请评估对象做一样的动作	评估者说："请你跟我做一样的动作。"	0分：不需要任何辅助即可学会掷垒球，且用时较短、质量较好； 1分：不需要任何辅助即可学会掷垒球，但用时较长或质量一般； 2分：仅需要提示即可学会掷垒球； 3分：在身体辅助下方可学会掷垒球； 4分：在身体辅助下也不能学会掷垒球，或无法配合完成评估		

续表

Ⅰ级目标	Ⅱ级目标	Ⅲ级目标	Ⅳ级目标	评估项目	评估材料	评估方法	评估指导语	评估标准	评估结果	备注
S2 运动技能	S2.3 能增强安全运动的意识和能力	S2.3.1 能了解常见的运动安全知识	S2.3.1.1 能选择正确的运动着装	选择正确的运动着装（如宽松的衣服、运动鞋等）	无	1.观察法。教师及主要照顾者对学生的课堂及日常进行观察。2.访谈法。访谈教师或主要照顾者	评估者问："请问××在运动前能自己挑选合适的运动着装吗？比如宽松的衣服、运动鞋。"	0分：不需要任何辅助即可选择正确的运动着装，且用时较短、质量较好；1分：不需要任何辅助即可选择正确的运动着装，但用时较长或质量一般；2分：仅需要提示或示范中的一种辅助即可选择正确的运动着装；3分：在身体辅助下方可选择正确的运动着装；4分：在身体辅助下也不能选择正确的运动着装，或无法配合完成评估		
		S2.3.2 能遵守运动安全规则	S2.3.2.1 能在运动时不做危险动作	在运动时不做危险动作（如不爬高、不从高处跳下等）	无	1.观察法。教师及主要照顾者对学生的课堂及日常进行观察。2.访谈法。访谈教师或主要照顾者	评估者问："请问××在运动的时候会做一些危险动作吗？比如爬高、从高处跳下来。"	0分：不需要任何辅助即可在运动时不做危险动作；1分：在动作提示下能在运动时不做危险动作；2分：在语言提示下能在运动时不做危险动作；3分：在身体辅助下方可在运动时不做危险动作；4分：在身体辅助下也不能在运动时不做危险动作，或无法配合完成评估		
			S2.3.2.2 能在运动时遇到危险会求助	在运动时遇到危险会求助（如找家长、大声喊等）	无	1.观察法。教师及主要照顾者对学生的课堂及日常进行观察。2.访谈法。访谈教师或主要照顾者	评估者问："请问××在运动时遇到危险会不会求助？比如找家长或大声喊。"	0分：在运动时遇到危险总是会求助；1分：在运动时遇到危险大部分时候会求助；2分：在运动时遇到危险有时会求助，有时不会；3分：在运动时遇到危险很少会求助；4分：在运动时遇到危险几乎不会求助		

续表

Ⅰ级目标	Ⅱ级目标	Ⅲ级目标	Ⅳ级目标	评估项目	评估材料	评估方法	评估指导语	评估标准	评估结果	备注
S3 身体健康	S3.1 能掌握基本的运动保健知识和方法	S3.1.1 能初步掌握基本的运动保健知识	S3.1.1.1 知道运动前不能大量进食	知道运动前不能大量进食	无	1.观察法。教师及主要照顾者对学生的课堂及日常进行观察。2.访谈法。访谈教师或主要照顾者	评估者问："请问××知道在运动前不能吃太多东西吗？"	0分：不需要任何辅助即可知道运动前不能大量进食；1分：在动作提示（如手势）下知道运动前不能大量进食；2分：在语言提示下知道运动前不能大量进食；3分：在身体辅助下方可知道运动前不能大量进食；4分：在身体辅助下也不知道运动前不能大量进食，或无法配合完成评估		
			S3.1.1.2 知道运动后应及时补充水分	知道运动后应及时补充水分（如喝水、吃水果等）	无	1.观察法。教师及主要照顾者对学生的课堂及日常进行观察。2.访谈法。访谈教师或主要照顾者	评估者问："请问××知道运动后应及时补充水分吗？比如喝水、吃水果。"	0分：不需要任何辅助即可知道运动后应及时补充水分，且用时较短、质量较好；1分：不需要任何辅助即可知道运动后应及时补充水分，但用时较长或质量一般；2分：仅需要提示或示范中的一种辅助即可知道运动后应及时补充水分；3分：在身体辅助下方可知道运动后应及时补充水分；4分：在身体辅助下也不知道运动后应及时补充水分，或无法配合完成评估		
			S3.1.1.3 知道运动后应及时更换衣物	知道运动后应及时更换衣物（如更换湿衣服、脏衣服等）	无	1.观察法。教师及主要照顾者对学生的课堂及日常进行观察。2.访谈法。访谈教师或主要照顾者	评估者问："请问××知道运动后应及时更换衣物吗？比如更换湿衣服、脏衣服。"	0分：不需要任何辅助即可知道运动后应及时更换衣物，且用时较短、质量较好；1分：不需要任何辅助即可知道运动后应及时更换衣物，但用时较长或质量一般；2分：仅需要提示或示范中的一种辅助即可知道运动后及时更换衣物；3分：在身体辅助下方可知道运动后应及时更换衣物；4分：在身体辅助下也不知道运动后应及时更换衣物，或无法配合完成评估		

续表

Ⅰ级目标	Ⅱ级目标	Ⅲ级目标	Ⅳ级目标	评估项目	评估材料	评估方法	评估指导语	评估标准	评估结果	备注
S3 身体健康	S3.1 能掌握基本的运动保健知识和方法	S3.1.2 能初步掌握基本的运动保健方法	S3.1.2.1 能按要求做热身运动	按要求做热身运动（如热身操、短跑等）	无	1.观察法。教师及主要照顾者对学生的课堂及日常进行观察。2.访谈法。访谈教师或主要照顾者	评估者问："请问××能按要求做热身运动吗？比如热身操、短跑。"	0分：不需要任何辅助即可按要求做热身运动，且用时较短、质量较好；1分：不需要任何辅助即可按要求做热身运动，但用时较长或质量一般；2分：仅需要提示或示范中的一种辅助即可按要求做热身运动；3分：在身体辅助下方可按要求做热身运动；4分：在身体辅助下也不能按要求做热身运动，或无法配合完成评估		
			S3.1.2.2 能按要求做眼保健操	按要求做眼保健操	无	1.观察法。教师及主要照顾者对学生的课堂及日常进行观察。2.访谈法。访谈教师或主要照顾者	评估者问："请问××能按要求做眼保健操吗？"	0分：不需要任何辅助即可按要求做眼保健操，且用时较短、质量较好；1分：不需要任何辅助即可按要求做眼保健操，但用时较长或质量一般；2分：仅需要提示或示范中的一种辅助即可按要求做眼保健操；3分：在身体辅助下方可按要求做眼保健操；4分：在身体辅助下也不能按要求做眼保健操，或无法配合完成评估		
	S3.2 能塑造良好的体形和身体姿态	S3.2.1 知道正确的身体姿态	S3.2.1.1 知道站立时要抬头挺胸	知道站立时要抬头挺胸	无	1.观察法。教师及主要照顾者对学生的课堂及日常进行观察。2.访谈法。访谈教师或主要照顾者	评估者问："请问××能知道站立时要抬头挺胸吗？"	0分：不需要任何辅助即可知道站立时要抬头挺胸，且用时较短、质量较好；1分：不需要任何辅助即可知道站立时要抬头挺胸，但用时较长或质量一般；2分：仅需要提示或示范中的一种辅助即可知道站立时要抬头挺胸；3分：在身体辅助下方可知道站立时要抬头挺胸；4分：在身体辅助下也不知道站立时要抬头挺胸，或无法配合完成评估		

续表

Ⅰ级目标	Ⅱ级目标	Ⅲ级目标	Ⅳ级目标	评估项目	评估材料	评估方法	评估指导语	评估标准	评估结果	备注
S3 身体健康	S3.2 能塑造良好的体形和身体姿态	S3.2.1 知道正确的身体姿态	S3.2.1.2 知道行走时身体应保持挺直，两眼目视前方	知道行走时身体应保持挺直，两眼目视前方	无	1.观察法。教师及主要照顾者对学生的课堂及日常进行观察。 2.访谈法。访谈教师或主要照顾者	评估者问："请问××能知道行走时身体应保持挺直，两眼目视前方吗？"	0分：不需要任何辅助即可知道行走时应身体保持挺直，两眼目视前方，且用时较短、质量较好； 1分：不需要任何辅助即可知道行走时应身体保持挺直，两眼目视前方，但用时较长或质量一般； 2分：仅需要提示或示范中的一种辅助即可知道行走时应身体保持挺直，两眼目视前方； 3分：在身体辅助下方可知道行走时应身体保持挺直，两眼目视前方； 4分：在身体辅助下也不知道行走时应身体保持挺直，两眼目视前方，或无法配合完成评估		
			S3.2.1.3 知道坐立时要肩平腰直	知道坐立时要肩平腰直	椅子	1.观察法。教师及主要照顾者对学生的课堂及日常进行观察。 2.访谈法。访谈教师或主要照顾者	评估者问："请问××能知道坐立时要肩平腰直吗？"	0分：不需要任何辅助即可知道坐立时要肩平腰直，且用时较短、质量较好； 1分：不需要任何辅助即可知道坐立时要肩平腰直，但用时较长或质量一般； 2分：仅需要提示或示范中的一种辅助即可知道坐立时要肩平腰直； 3分：在身体辅助下方可知道坐立时要肩平腰直； 4分：在身体辅助下也不知道坐立时要肩平腰直，或无法配合完成评估		

续表

Ⅰ级目标	Ⅱ级目标	Ⅲ级目标	Ⅳ级目标	评估项目	评估材料	评估方法	评估指导语	评估标准	评估结果	备注
S3 身体健康	S3.3 能发展体能和健身能力	S3.3.1 能发展简单的柔韧性能力	S3.3.1.1 能模仿简单的弓步压腿动作	模仿简单的弓步压腿动作	无	1.观察法。教师及主要照顾者对学生的课堂及日常进行观察。 2.测验法。评估者示范弓步压腿动作，请评估对象模仿做一样的动作	评估者："请你跟我做一样的动作。"	**0分**：不需要任何辅助即可模仿简单的弓步压腿动作，且用时较短、质量较好； **1分**：不需要任何辅助即可模仿简单的弓步压腿动作，但用时较长或质量一般； **2分**：仅需要提示即可模仿简单的弓步压腿动作； **3分**：在身体辅助下方可模仿简单的弓步压腿动作； **4分**：在身体辅助下也不能模仿简单的弓步压腿动作，或无法配合完成评估		
			S3.3.1.2 能做出简单的弓步压腿动作	做出简单的弓步压腿动作	无	1.观察法。教师及主要照顾者对学生的课堂及日常进行观察。 2.测验法。评估者发出弓步压腿指令，观察评估对象是否能根据指令做出对应动作	评估者说："请你弓步压腿。"	**0分**：不需要任何辅助即可做出简单的弓步压腿动作，且用时较短、质量较好； **1分**：不需要任何辅助即可做出简单的弓步压腿动作，但用时较长或质量一般； **2分**：仅需要提示即可做出简单的弓步压腿动作； **3分**：在身体辅助下方可做出简单的弓步压腿动作； **4分**：在身体辅助下也不能做出简单的弓步压腿动作，或无法配合完成评估		

续表

Ⅰ级目标	Ⅱ级目标	Ⅲ级目标	Ⅳ级目标	评估项目	评估材料	评估方法	评估指导语	评估标准	评估结果	备注
S3 身体健康	S3.3 能发展体能和健身能力	S3.3.2 能发展简单的灵敏性能力	S3.3.2.1 能模仿简单的变向跑	模仿简单的变向跑	障碍物	1.观察法。教师及主要照顾者对学生的课堂及日常进行观察。2.测验法。评估者示范变向跑动作，请评估对象模仿做一样的动作	评估者说："请你跟我做一样的动作。"	0分：不需要任何辅助即可模仿简单的变向跑，且用时较短、质量较好；1分：不需要任何辅助即可模仿简单的变向跑，但用时较长或质量一般；2分：仅需要提示即可模仿简单的变向跑；3分：在身体辅助下方可模仿简单的变向跑；4分：在身体辅助下也不能模仿简单的变向跑，或无法配合完成评估		
			S3.3.2.2 能做到简单的变向跑	做到简单的变向跑	障碍物	1.观察法。教师及主要照顾者对学生的课堂及日常进行观察。2.测验法。评估者发出变向跑指令，观察评估对象是否能根据指令做出对应动作	评估者说："请你变向跑。"	0分：不需要任何辅助即可做到简单的变向跑，且用时较短、质量较好；1分：不需要任何辅助即可做到简单的变向跑，但用时较长或质量一般；2分：仅需要提示或示范中的一种辅助即可做到简单的变向跑；3分：在身体辅助下方可做到简单的变向跑；4分：在身体辅助下也不能做到简单的变向跑，或无法配合完成评估		

续表

Ⅰ级目标	Ⅱ级目标	Ⅲ级目标	Ⅳ级目标	评估项目	评估材料	评估方法	评估指导语	评估标准	评估结果	备注
S3 身体健康	S3.3 能发展体能和健身能力	S3.3.3 能发展简单的平衡能力	S3.3.3.1 能模仿单脚跳	模仿单脚跳	无	1.观察法。教师及主要照顾者对学生的课堂及日常进行观察。2.测验法。评估者示范单脚跳，请评估对象模仿做一样的动作	评估者说："请你跟我做一样的动作。"	0分：不需要任何辅助即可模仿单脚跳，且用时较短、质量较好；1分：不需要任何辅助即可模仿单脚跳，但用时较长或质量一般；2分：仅需要提示即可模仿单脚跳；3分：在身体辅助下方可模仿单脚跳；4分：在身体辅助下也不能模仿单脚跳，或无法配合完成评估		
		S3.3.3 能发展简单的平衡能力	S3.3.3.2 能做出单脚跳的动作	做出单脚跳的动作	无	1.观察法。教师及主要照顾者对学生的课堂及日常进行观察。2.测验法。评估者发出单脚跳指令，观察评估对象是否能根据指令做出对应动作	评估者说："请你单脚跳。"	0分：不需要任何辅助即可做出单脚跳的动作，且用时较短、质量较好；1分：不需要任何辅助即可做出单脚跳的动作，但用时较长或质量一般；2分：仅需要提示或示范中的一种辅助即可做出单脚跳的动作；3分：在身体辅助下方可做出单脚跳的动作；4分：在身体辅助下也不能做出单脚跳的动作，或无法配合完成评估		

续表

Ⅰ级目标	Ⅱ级目标	Ⅲ级目标	Ⅳ级目标	评估项目	评估材料	评估方法	评估指导语	评估标准	评估结果	备注
S4 心理健康	S4.1 能培养良好的意志品质	S4.1.1 能努力尝试完成体育学习	S4.1.1.1 能配合完成体育运动	配合完成体育运动（如听指令、不吵闹等）	无	1.观察法。教师及主要照顾者对学生的课堂及日常进行观察。 2.访谈法。访谈教师或主要照顾者	评估者问："请问××能配合完成体育运动吗？比如听指令、不吵闹等。"	0分：不需要任何辅助即可配合完成体育运动，且用时较短、质量较好； 1分：不需要任何辅助即可配合完成体育运动，但用时较长或质量一般； 2分：仅需要提示或示范中的一种辅助即可配合完成体育运动； 3分：在身体辅助下方可配合完成体育运动； 4分：在身体辅助下也不能配合完成体育运动，或无法配合完成评估		
			S4.1.1.2 能根据要求坚持完成体育运动	根据要求坚持完成体育运动	无	1.观察法。教师及主要照顾者对学生的课堂及日常进行观察。 2.访谈法。访谈教师或主要照顾者	评估者问："请问××能根据要求坚持完成体育运动吗？"	0分：不需要任何辅助即可坚持完成体育运动，且用时较短、质量较好； 1分：不需要任何辅助即可坚持完成体育运动，但用时较长或质量一般； 2分：仅需要提示或示范中的一种辅助即可坚持完成体育运动； 3分：在身体辅助下方可坚持完成体育运动； 4分：在身体辅助下也不能坚持完成体育运动，或无法配合完成评估		
	S4.2 能学会调控情绪的方法	S4.2.1 能体验体育运动对情绪的积极影响	S4.2.1.1 在体育运动中能保持较稳定的情绪	在体育运动中保持较稳定的情绪（如不突然发脾气、不哭喊等）	无	1.观察法。教师及主要照顾者对学生的课堂及日常进行观察。 2.访谈法。访谈教师或主要照顾者	评估者问："请问××在体育运动中能否保持较稳定的情绪？"	0分：在体育运动中总是能保持较稳定的情绪； 1分：在体育运动中大部分时候能保持较稳定的情绪； 2分：在体育运动中有时能保持较稳定的情绪，有时不能； 3分：在体育运动中很少能保持较稳定的情绪； 4分：几乎不能在体育运动中保持较稳定的情绪		

续表

Ⅰ级目标	Ⅱ级目标	Ⅲ级目标	Ⅳ级目标	评估项目	评估材料	评估方法	评估指导语	评估标准	评估结果	备注
S4 心理健康	S4.3 能形成合作意识和能力	S4.3.1 能建立初步合作的意识	S4.3.1.1 能表现出参加集体体育运动的意愿	表现出参加集体体育运动的意愿	无	1.观察法。教师及主要照顾者对学生的课堂及日常进行观察。 2.访谈法。访谈教师或主要照顾者	评估者问："请问××能表现出参加集体体育运动的意愿吗？"	0分：总是能表现出参加集体体育运动的意愿； 1分：大部分时候能表现出参加集体体育运动的意愿； 2分：有时能表现出参加集体体育运动的意愿，有时不能； 3分：很少能表现出参加集体体育运动的意愿； 4分：几乎没有表现出参加集体体育运动的意愿		
			S4.3.1.2 能在集体体育运动中与同学友好相处	在集体体育运动中与同学友好相处（如不推人、不打人等）	无	1.观察法。教师及主要照顾者对学生的课堂及日常进行观察。 2.访谈法。访谈教师或主要照顾者	评估者问："请问××能在集体运动中与同学友好相处吗？"	0分：总是能在集体体育运动中与同学友好相处； 1分：大部分时候能在集体体育运动中与同学友好相处； 2分：有时能在集体体育运动中与同学友好相处，有时不能； 3分：很少能在集体体育运动中与同学友好相处； 4分：几乎不能在集体体育运动中与同学友好相处		

续表

Ⅰ级目标	Ⅱ级目标	Ⅲ级目标	Ⅳ级目标	评估项目	评估材料	评估方法	评估指导语	评估标准	评估结果	备注
S4 心理健康	S4.3 能形成合作意识和能力	S4.3.2 能建立初步合作的关系	S4.3.2.1 能与同学配合完成基本的体育运动	与同学配合完成基本的体育运动	无	1.观察法。教师及主要照顾者对学生的课堂及日常进行观察。2.访谈法。访谈教师或主要照顾者	评估者问："请问××能与同学配合完成基本的体育运动吗？"	0分：不需要任何辅助即可与同学配合完成基本的体育运动，且用时较短、质量较好；1分：不需要任何辅助即可与同学配合完成基本的体育运动，但用时较长或质量一般；2分：仅需要提示或示范中的一种辅助即可与同学配合完成基本的体育运动；3分：在身体辅助下方可与同学配合完成基本的体育运动；4分：在身体辅助下也不能与同学配合完成基本的体育运动，或无法配合完成评估		
	S4.4 能具有良好的体育道德	S4.4.1 能掌握基本的运动交往礼仪	S4.4.1.1 知道运动中使用礼貌用语	运动中使用礼貌用语	无	1.观察法。教师及主要照顾者对学生的课堂及日常进行观察。2.访谈法。访谈教师或主要照顾者	评估者问："请问××能知道运动中使用礼貌用语吗？"	0分：总是能在运动中使用礼貌用语；1分：大部分时候能在运动中使用礼貌用语；2分：有时能在运动中使用礼貌用语，有时不能；3分：很少能在运动中使用礼貌用语；4分：几乎不能在运动中使用礼貌用语		

参考文献

［1］胡晓毅，刘艳虹.学龄孤独症儿童教育评估指南［M］.北京：北京师范大学出版社，2017.

［2］张文京，许家成.弱智儿童适应性功能教育课程与实践［M］.重庆：重庆出版社，2002.

［3］王辉，丁勇.特殊儿童教育评估［M］.南京：南京师范大学出版社，2015.

［4］王辉，胡建郭，王磊，等.培智义务教育课程纲要［M］.长沙：湖南大学出版社，2019.

［5］王辉，胡建郭，王磊，等.培智义务教育课程评估手册［M］.长沙：湖南大学出版社，2019.

［6］沈剑娜.《培智学校义务教育唱游与律动课程标准》解读［J］.现代特殊教育，2018（5）：36-38.

［7］赵艳霞.《培智学校义务教育绘画与手工课程标准》解读［J］.现代特殊教育，2018（17）：27-30.

［8］朱志勇.《培智学校义务教育课程标准（2016年版）》制定的基本依据及地位作用［J］.现代特殊教育，2019（17）：29-32.

［9］芦燕云.《培智学校义务教育生活适应课程标准》解读［J］.现代特殊教育，2017（5）：13-16.

［10］柳笛，龚伊娜，陈银花.《培智学校义务教育生活数学课程标准》解读［J］.现代特殊教育，2017（19）：21-24.

［11］洪佳琳.《培智学校义务教育生活语文课程标准》解读［J］.现代特殊教育，2018（1）：24-28.

［12］杨希洁.对建设义务教育阶段随班就读孤独症学生教育评估工具库的思考［J］.中国特殊教育，2017（9）：21-26，75.

［13］董俊花，蔺红春，邓欢.培智学校新课程标准实施现状的调查研究［J］.现代特殊教育，2020（6）：33-39.

［14］李玉影，王文龙，邓猛.培智学校新生入学评估实践探析——以福建省厦门市海沧区晨昕学校为例［J］.现代特殊教育，2018（19）：28-30.

［15］谢正立，邓猛.新课标背景下培智学校课程本位评估的几点思考［J］.现代特殊教育，2017（18）：40-45.

［16］魏英杰.《培智学校义务教育劳动技能课程标准》解读［J］.现代特殊教育，2018（11）：34-36.

［17］陆瑾，黄建中.《培智学校义务教育运动与保健课程标准》解读［J］.现代特殊教育，2018（13）：13-16.

［18］韦美宾，韦佩雯，董英.适龄孤独症儿童入学评估手册［M］.南宁：广西民族出版社，2022.

［19］韦美宾，韦佩雯，董英，等.基于ICF构建孤独症儿童少年入学评估量表及其信度效度分析［J］.广西医学，2022，44（3）：253-257.

［20］教育部.培智学校义务教育课程标准（2016年版）［S/OL］.［2021-5-10］.http://www.moe.gov.cn/srcsite/A06/s3331/201612/t20161213_291722.html.

后记

提起笔要写后记的时候，我心中不禁感慨万千：如释重负，倍感欣慰，心怀喜悦，充满希望……

这个项目凝聚了我们团队每位成员的心血，是他们放弃了节假日陪伴家人的机会，牺牲了双休日休整的时间，以时不我待、只争朝夕的精神投入学习和研究中，在家里、教研室里，无数个日夜不断地付出，才完成了《评估指南》的编写。

回首过往，历历在目。2012年底接手培智学校，当时我毫无头绪，学校的定位是什么？特殊教育是什么？如何才能让老师和学生得到更好的发展？……各种问题萦绕在我的脑海里。直到经历了两件事，我才茅塞顿开。第一件事是2015年8月，我到苏州参加第二届国际物理医学与康复医学学会发展中国家峰会，第一次接触ICF。在专家授课的ICF专题讲座上，我注意到了"ICF是国际通用的标准"，并敏锐觉察到这是未来发展的趋势。第二件事是2017年3月，我到北京师范大学参加《培智课标》解读的学习，让我明确了培智学校的发展定位及课程目标。由此，组建专家团队编写一套基于ICF理念及《培智课标》精神的《评估指南》的想法在我心中油然而生。这几年来，我们一边摸索，一边学习，一边研究，困难重重、问题不断，但从不轻言放弃。2018年，我们参加了教育部关于《培智课标》的培训。2019年，我们邀请了WHO-FIC中国合作中心主任邱卓英博士到南宁为我们进行专题培训，在现场实践和预实验工作中，我们得到了预防医学专家杨益超教授的悉心指导。很庆幸，我们是一个勤奋好学、不畏困难、不怕吃苦的团队，凭着一股执着的韧劲，《评估指南》的编写终于完成。

这一路走来，离不开各级领导、同行学校的关心、支持和帮助。在此，感谢广西壮族自治区教育厅给予的大力支持与帮助，自2017年至2022年为我们的"医教结合"项目拨付经费；感谢广西特殊教育师资培训中心的指导，廖文杰主任于2016年秋季学期带领我们启动了九年义务教育阶段孤独症儿童医教结合实验班，支持我们的"医教结合"改革与实践；感谢南宁市民政局、南宁市教育局、南宁市科学技术局等单位对特殊教育的支持与厚爱，对特殊儿童的关爱；感谢武鸣区特殊教育学校、马山县特殊教育学校、宾阳县特殊教育学校、上林县特殊教育学校、邕宁区特殊教育学校、隆安县特殊教育学校等兄弟学校的支持，在场地、人员上给予我们评估实验极大的帮助；感谢徐云教授百忙中抽出时间为我们写序……太多的感谢无以言表，唯有铭记于心。

在《评估指南》的编写过程中，由于我们经验有限，疏漏之处在所难免，欢迎大家批评指正。

南宁儿童康复中心主任
南宁市培智学校校长　　韦美宾

2022年10月